小林正幸

教養としての現代社会入門

風塵社

教養としての現代社会入門

目次

はじめに 5
一章 永遠の昨日と正当性 19
二章 ルネサンスと自覚のはじまり 32
三章 主権と近代国家 44
四章 民主主義と社会契約 57
五章 資本主義の精神と労働価値説 71
六章 都市とナショナリズム 87
七章 公共圏とPR 101

八　章　フォーディズムと豊かな社会　115
九　章　大衆社会と情報化社会　130
一〇章　環境問題と消費社会　145
一一章　マクドナルド化と社会の心理学化　160
一二章　リスクと新自由主義　175
一三章　私化と公正　190
おわりに　205
事項索引　219
人名索引　222

イラスト：橋本拓明

はじめに

テレビをみても、ネットをみても、ぼくたちが生きる世界はいつも混乱しているようにみえる。

たとえばネットの言説を採りあげてみると、「ネトウヨ」と呼ばれる人々に典型的であるが、「同じ人間なんだから」と日本人の同質性を当然の前提として、意見の異なるものに対して「非国民」「売国奴」とバッシングし、自らの意見の正しさを押しつける。

おそらくは「非国民」「売国奴」などといった過激なレッテル貼りをすることとは距離をとりながらも、「同じ日本人なんだから、同じ意見になるのは当然」とするような善人もまた、そのような「同じ」という感覚から意見がちがう人間を無意識的に忌みきらう。

忌みきらえばこそ、ネットのような匿名性の囲いで守られている空間であれば、過激な発言を当然の意見として賛同する。そのうち、このような意見は支持されているとの実感を作りだし、かれらは正義を抱えリアルな世界にまで過激な発言を浸透させていく。一応断わっておくが、ネットのすべてがこのような世界だとまではいえない。

そのような善人だらけの国がこの日本だという気もする。かつて対外戦争を基底で支えていたのはこのような善人であったにちがいないし、そのような善人は自らを戦争の被害者であると思っていたのかもしれない。確かに、映画『この世界の片隅に』（こうの史代原作、二〇一六年、片渕須直監督）のように、戦争の影響を受けながらも、自律した民衆世界で健気に生きていた人々もいたにちがいない。と同時に、戦争を肯定し、扇動していた人々も多くいたことを忘れてはならない。

政治的、社会的、あるいは文化的などなどのあらゆる領域で、混乱を強調するかのような言説が現在目立つ。かつては権威を有していた学問における言説もまた、十分な理解が試みられる以前に信頼されてはいないようでもある。よくみる風景だが、「わからない」「わかりやすくいうべき」という発言が批評として成り立っていると勘違いする者までいる。

とはいえ、ぼくたちの生きる世界というものは、いつでも混乱のただなかにあるものとして表現されてきたともいえる。さまざまな現象がそのような混乱として位置づけられてきた。

混乱には無意識的な自作自演という側面がある。ゆえにぼくたちは混乱の風景を自明のものとしてしまい、混乱が混乱であるという認識をもつことさえなかなか難しいことにもなる。

このような混乱は3・11以降少しずつあらわになり、一部の人々の意識に立ち現れるようになっている。それは現象的な騒がしさとしては、たとえば、東日本大震災の復興の遅れ、未曾有の原発事故、その後の原発行政の不透明さや混乱ぶり、放射能被害の隠蔽体質、憲法改正論議や共謀罪など自民党が押し進めようとする政策の問題などなどにみられる。あるいはブラック企業の問題、「保育園落ちた　日本死ね」という言葉で採りあげられた待機児童問題、サービス業におけるクレームへの対応、あらゆる仕事で起きる不祥事や理解困難な事件、マス・メディアへの不信などの日常生活と密接な問題などに。これらの問題とみなされる現象に、じつは問題がないといいたいわけではない。そうではなく、問題があるにもかかわらず、問題に蓋をするような言説を含めた喧騒に関して目を向けた方がいい。

これらのさまざまな問題群、総じて混乱はあるひとつの原因からはじまっているということはないだろうか。どのような時代でも、どのような社会であっても問題はある。ゆえに、問題があるということ自体が問題ではない。科学や教育によって解決できる問題は有能な知性や社会の協働にまかせておけばよいことである。ただ真に問題なのは、科学や教育それ自体が根本的に生みだす困難のほうにある。

この混乱の真実は日本の近代化という運動において生じたのではないだろうか。つまり、科学や教育など、総じて啓蒙という近代化の進展にである。ぼくたちはこの近代に生きているのであるから、近代とは自明なものであり、自然なものとして人々は受け入れている。しかしながら、構造主義をもちだすまでもなく、この自明なもの、自然なものとしてふるまっている物事はある特殊な歴史的起源を有し、特殊な歴史的状況のなかで作りだされている。

さきほど採りあげたネットの典型的な言説、つまり「非国民」「売国奴」というレッテル貼りもまた歴史的に構築された社会意識の産物である。国家と人々との関係は近代化以前と近代化以降では当然ちがうものでありながらも、われわれはそんなちがいを意識することもなく、近代以降の国家観を適応させて、そこから意見や批判を立ちあげている。そこに、近代国家の性格に対する理解の不十分さが加わるにちがいない。

それゆえ、このような言説に対しては、近代が作りあげた国家観、さらに日本という歴史的文脈のなかで作られた日本の近代国家のありように対する理解と批評が当然土台となるはずである。より広くは、近代化への理解が批評の土台になるべきでもある。

そして、自明であるがゆえに、これらの理解を後退させたところで喧騒が作られもする。ゆえにこの混乱に気づくことからはじめなければならない。現代社会特有の現象的な騒がしさの理解は、この気づきからはじめることが重要なのではないだろうか。自明であるがゆえに省みることもなく、自明なるものに対して無関心となる。あるいは表層的な理解、自らの理解にとって、都合のいい言説だけが切りとられる。ゆえに、無関心から関心へと一歩踏みだす必要があり、繰り返すが、まずこの混乱の土台である近代についての理解を深めることである。

人々は自分の意見を正しいと思うものである。日常のなかで生じるリアルな感覚、「ホンネとタテマエ」の「ホンネ」、感情と理性であれば感情的な反応、これら心理的な実感に「ホント」があると信じたがるものである。それを意見とするのが常である。

もちろん、このような「ホント」を軽視する必要はないが、ここにこそ「ホント」があると決めつけるのには、少なくとも一旦距離をとっておく必要がある。なぜなら眼前の出来事とそれにともなう感情に人々は囚われてしまい、理性的な判断、あるいは多様な意見の存在を見落としたりするからである。

付け加えておくと、それらは自らの「ホント」を否定するものであるがゆえに、みないでおくか、バッシングの対象としてしまうことにもなる。

そもそもこの「ホント」はその時代が好む社会的雰囲気を如実に反映していたり、その個人がそれまでに構築してきたものの見方の焼き直しである場合が多い。それゆえ、人々はかたくなに自らの「ホント」に固執する。つまり、自らの感情や心理へのかたくなさがそれらの基底にある。そう、そのほうが気持ちよかったり、快適だったり、安心できるからであり、そのような心理を求めることへのかたくなさである。どうも人間は今日と同じ明日を無意識的に求め、自分自身が変わらないことに固執する。

そして、人々はこの「ホント」がどこからやって来たのかを意識することに長けてはいない。その発生の基盤を忘れてしまい、いま現在のリアリティに内閉しようとする。そもそも論争が成立するには、その対立構図が成立する共通する基盤が存在するがゆえでもある。

先ほどの「ネトウヨ」をまた採りあげてみるならば、「ネトウヨ」も、それに対立する「サヨク」もその発生基盤は共通するにちがいない。そもそも右翼と左翼という言葉はフランス革命後の議会における座席の位置に由来することはよく知られたことだろう。議長席からみて右側に保守勢力、左側に革新勢力が集まったことにある。このフランス革命はまさに近代社会の到来のメルクマールに、特に民主化という点であげられる。

ここから「ネトウヨ」「サヨク」という現代日本社会で使われる言葉は、日本の近代化という文脈のなかで、ヨーロッパの近代化を日本が引用しつつ変形してきたものであることが想定できる。そこでみいだされる共通の基盤、発生の基盤はやはり近代ということになる。

それゆえ「ネトウヨ」と「サヨク」といった対立図式から来る論争は現象ではあっても、思想と呼べるほどの深みはない。もちろん、思想のほうが現象より価値があるというのではない。現象の意味を問うところに思想の意義がある。

このような対立図式はいたるところにあり、論争を起こし、自己の主張を正しきものにしようと欲する。仮に論争に負けてしまえば、それでもなお自己の正しさを抱きつつ、その正しさを世界のどこかにおいて主張しようとするだろう。いまならネット上のどこかで行えばいい。そうすれば同じような議論がネット上で自らの正しさを主張し、無限循環する。結局どちらの議論が勝利しようともこのような悪循環が自律運動することだろう。

思想にはこれで終結という地点自体が存在しない。ある論争がはじまったとしても、かつて同様の問題で論争し、解明したこと、解明しえなかったことを整理せず、そのまま立ち消えになってしまう。よって、このある論争でも同じことが繰り返される。かつての到達点が省みられない、つまり、自覚されないのである。

思想は自らの誤りを誤りと、欠陥を欠陥として自覚する。思想史を振り返れば、どんな思想も誤りや欠陥を抱えているのが常である。そのような矛盾こそ人間の思想の思想たる特徴なのであって、思想は自己の正しさを主張しえない。そういう矛盾があるからこそ、その矛盾をめぐって、思想は生き残り、人々の新たな解釈や批評を生みだすゆえに力をもつ。そこにこそ思想の歴史性をみいだせる契機がある。

だから、このような悪循環から身を引き離してみる必要がある。容易に決着のつかない問題に対して決着を焦ったり、持論の正しさを強調することに拘泥したり、さらに反対論に対して感情的に拒否し、そのあげく無遠慮な攻撃に終始する。ある者は決着のつかない現状に苛立ち、声高な主張で前進を強調する政治的発言に満足を覚え、そのような主張をするリーダーに期待を寄せる。

さらに悪いことには、論争がマス・メディアで採りあげられると、マス・メディアが想い描くイメージのほうへと話題がずれていく。ネット時代においても同様である。それらは噂がもつ論理のように、情報の曖昧性を乗り越えるべく、事実確認するのではなく、憶測を書き加えていき、不安解消やストレスのはけ口になっていく。じつのところ、かれらが望んでいるのは決着がつくことによる一時的な感情的興奮にすぎない。かれらの目的は決着そのものにある。勝負に拘泥しているのである。あらゆることは決着できるという信仰が、ここにある。

ぼくたちが生きてきたこの世界は矛盾に満ちている。だからこそ、決着のつかないこともある。そこにわれわれは生きている。繰り返すが、ゆえに思想が存在する意味がある。決着できないことがあるにもかかわらず、決着できると信じ、矛盾自体を悪とみなしてしまう習性には性急さと悪徳が紛れこむ。だから、まず立ち止まってみる必要がある。

立ち止まれば、これらの争いが風景であることに気づくだろう。さらに自らがよって立つ基盤が足元にあることにも気づくだろう。その足元こそ、ここでは自明性と呼ぶことができる。自明性とは自己の、このような争いの、あるいは「ホント」の発生基盤であり、本書ではそれを近代として議論を試みる。

発生基盤がいったいどのようなものであるかを知らずに、これらの現象の意味を問うこと自体が本来困難であろう。そうしなければ、そもそも決着をつけるための基盤がないのであるから、不可能な問いであったのであり、いいところ感情的な決着にすぎなくなる。さらにこれらの現象に巻きこまれて、この現象に自己限定されるだけであって、そこで理解した自己や社会の姿はその現象の理解の仕方と同語反復的になってしまう。それは同時にほかの可能性をもっていた自己や社会のありように対して、抑圧的な作用を及ぼすにちがいない。

ぼくたちは自らの信念に反するデータが積み重ねられたとしても、それをみてみぬふりをしたり、そのデータがおかしいと自らの信念の方に肩入れする。そして、その信念は保ち続けられてしまうだろう。日常的世界における知識は疑問をもたれることなく、当然のこととして位置づけられているわけである。

自明的な世界は同時に社会的世界である。人々に是認されているがゆえに、自明性は簡単には批判の対象とならないばかりか、そもそも対象とさえなりがたい。疑問視されることはまれなのである。ある事柄に対する日常的な実感はこの自明性の現れなのである。

社会学の場合は、少しばかり事情が異なっている。たとえばピーター・バーガー（一九二九―二〇一七）とトーマス・ルックマン（一九二七―二〇一六）は日常が自明性で作られていることを現象学から導きだし、その自明性がどのような歴史的な経過や地域的な状況で作られてきたのかを明らかにしようとした。哲学も人類学も学問的成果として自明性を乗り越えたり、解体したりしたのであったが、社会学では多くの場合、日常のなかでの自明性がどのようなプロセスで構築されてきたかを明らかにしようとする。

社会学を学ぶと、常識がじつはいまとはちがっていたかもしれないと、事前に知識としてしまうことになる。結果平たくいえば、常識を疑うことにつながる。日常のなかで当たり前のように生きているぼくたちは、それらが当たり前のことではなく、なにかちがったものとしてみえてきて、当たり前と思っていたものの輪郭が明確になってくるといった知的な楽しみが生みだされる。文学理論でいうところの異化作用（ブレヒト）のようなものである。このような自明性に対する姿勢は、〈自明性の罠からの解放〉という社会学固有の考えとなっている。

しかしながら、自明性が成立していることは社会にとって重要な要件である。自明性が成立していること、常識が共有されていることは、この事実性を担保として、つぎに起きること、他者がどのような反応をするかを予期することとつながっている。

とすれば、つぎの行動がなんであるのかという予測が人々に共有されているのであるから、その社会の安定性に寄与することになる。当然つぎはこうなるだろうということを前提にしているので、それは疑いをはさむ余地がないことになる。もちろん、この安定性に人々が過剰に依存すれば、少しばかりズレた行動でさえ危険視されることになるので、自明性にはある程度の幅が必要である。ここには社会の寛容性の問題がある。

仮に自明性を失えば、他者の反応や行動は予測しがたくなるし、その結果自らの行動の方向性を決定しづらくなる。いくら社会学者が自明性を疑っているとしても、自明性を前提に判断し行動するという点で、特別な存在というわけではない。人々が前提を共有していなければ、共有されていると信じて行動した者にとって、他者の反応は不可解なものになりかねない。よって、自明性を手放す人々が多くなれば、社会は不安定なものとなってしまう。

自明性が後退してしまえば、その埋めあわせに人々は走ることになる。これがメディア依存のひとつの要因となり、過剰に利用する結果、感情的な受容や心理学でいう確証バイアス（自分の既存の価値観を肯定するような情報ばかり集めてしまう現象）から、空洞化した生活世界にこのメディア受容において作りだされた感情と形骸化された知識が流れこむことになる。ゆえにメディア・リテラシーが必要であるといわれるのである。

そして、ここに新たな自明性が生じるのであるが、後退された自明性も残存するので、いくつかの自明性がせめぎあうことにもなる。このようにある自明性のタイプが喪失したり変化したりすることにもなる。

もちろんいろいろな水準での自明性があるだろう。家族の、友人との、職場での、あるいは自我やアイデンティティの、教育の、市場のなどなどの自明性がそれぞれ想定できる。これらには関係としての人間が必ずいて、ミクロな関係性からマクロな関係性にいたる水準で、それぞれが関連しつついくつもの層を作っている。

そしてそれぞれの関係性の発生基盤はある程度共通している。つまり、それが近代である。もちろん近代なるものが歴史的経緯もなしに存在するわけではないので、仮に歴史に配慮せずに主張すれば、その認識は不十分なものとなる。また西欧における近代化の研究を独自の歴史を有した社会に適応しては無理が生じる。

そのため歴史を軽視した多くの社会学的説明が不十分であるとの批判を生みだすのはもっともである。以降、近代化を産業化と民主化、あるいは合理化といった側面から整理した言説で議論していくことになる。また、近代を対象化、相対化するために、近代以前についても前半部で採りあげていくことにする。

社会学が誕生したのは一八世紀後半のフランスとイギリスである。産業化と民主化が両国だけではなくヨーロッパ全体へと広がっていく時代であって、そのような変化のなかを生きる人間についての理解を試みようとする学問である。

産業化とは、人々が生活するために作られるモノ（財）の中心が農産物から工業製品へとシフトしていくプロセスである。農産物は狩猟、漁業、牧畜、耕作における労働で作りだされる。つまり、自然に対して人間が直接的に働きかける労働である。産業化はそのような自然と人間の労働の身近さを引き離していく。工業製品の素材は自然ではあるが、その素材は工場で加工される。このとき労働は自然に対して直接働きかけることから遠ざかっているのであり、人々の生きかたが労働という水準で変化する。

ドイツにフェルディナント・テンニース（一八五五―一九三六）という社会学者がいた。ちょうど一九世紀に入る頃から活躍した人物である。かれは集団の類型が近代とそれ以前とで変化していることを「ゲマインシャフトからゲゼルシャフトへ」として理解し、これを歴史法則と捉えた。

ゲマインシャフトは本質意志による有機的な結合による人々のありようを示している。つまり、他者と感情的に結びつく共同生活を送る集団である。肉親や家族、自分が生きている地域社会の人々と親密な関係によって支配されている。生まれて死ぬまで周りから知られているし、周りを知っている、そんな関係である。

ゲゼルシャフトは選択意志による機械的な結合による人々のありようを示している。なんらかの目的を達成するため理性的に選択した集団と関係をつくり、協業を行う。会社や都会のように見知らぬ人との関係に支配され、目的をもって知らない人と関係を結ぶ社会である。

前者は地縁血縁で、後者は利益縁によって共同性が作られる。たとえばコンビニの店員は見知らぬ存在だが、必要な商品を購入する目的のため、接しなければならない。コンビニ店員からすれば客もまた当然見知らぬ存在である。お互い知らない者同士がそれぞれの利益のために接しているわけである。客は商品を、店員はサービス提供により時給を。ぼくたちは日常のこのようなことを意識することもなく生きているのであるから、このコンビニでの場面は自明性に覆われていることになる。

ここには単に知っているか知っていないかという認知の水準ではなく、共同性を共有すること、仲間であるという感受性の水準で問われる社会意識のちがいがある。このような共同性の変化については社会学的にも重要な問題であるので、あとで触れようと思う。

このような共同性の近代化とは、あえて単純化すれば、知っている人たちのなかだけで生きていくことから、知らない者たちと関係を作りあげなければならない社会への変化である。これもまた自明であるがゆえに意識することは少ない。

かつて人は生まれてきたときに周りの者たちから知られる。周りの者たちというのは共同体の成員である。家族や地縁血縁で構成される人々のことだ。そして、人は人生を歩むが、そのときいつも周りの者たちから知られており、どのような人生か共有されている。そして、その人もまた周りの者たちを知っている。それは死ぬときまで続くし、死んだあとでも、周りの者たちとともにある。共同体とは空間的な広がりだけではなく、時間的な広がりももっている。祖先もまた共同体の一部になる。

もちろん現代社会にはこのような共同性は薄れている。隣りの人も、コンビニの店員も、知らない人たちである。学校で知りあった友人も一時的に知りあっただけということもある。現代は知らない人たちとともに生きなければならない社会なのだ。生活のなかで意識することはないけれども、産業化以降、ここ二〇〇年程度の最近の現象である。

いまも社会学が続いているということからすれば、この大きな変化のなかで人間は現在を生きているわけである。いま産業化と共同性の一断面に触れたが、このような変化の総称を近代化といい、その時代を近代と呼ぶわけである。社会学が続いているということは近代の全体像があらわになっていないか、社会学によっていまだ解明しきれていない現象、あるいは新たな現象が生じているということである。

産業化で人々と自然との関係や労働のありようが変化したこと、テンニースのいうような共同性のありようも変化していること、これら以外にもさまざまな変化が近代には生じていく。

このような変化のただなかで生きていた人々は、これらの変化をどのように受け入れたのだろうか。人によっては、社会の進歩だと肯定的に、退廃だと否定的に、あるいは特に考えることもなしにということなのかもしれない。人によっては進歩自体の価値を問うかもしれない。そもそも変化していることすら意識することさえなく、日常の生活をあくせくすごしていたということだってあるにちがいない。

総体的にみれば、新たな社会への期待と不安が同居するアンビヴァレント（両義的）な態度となっただろう。そして、この近代化はいま現在も続いている。

そこで立ち止まってみたい。これまで述べてきた自明性、そして自明性の発生基盤である近代、さらに近代へのアンビヴァレントな態度を対象化し、理解するために。

時間は不可逆的であるし、止めることもできない。その意味で人間は立ち止まることはできない。しかしながら、立ち止まることは仮に操作的であるとしても、精神には可能な試みである。過去を振り返り、近代化のプロセスを観察すること、そのためには、現在起こっているさまざまな出来事や混乱に向かう前に、静止の瞬間をもつほうが建設的だと思われる。

政治や経済での混乱、社会のなかで生じる不可解な殺人や出来事、メディアへの不信、よりミクロな水準であれば、ネットでの中傷や電車でのマナーなどなど、これらのいわゆる混乱は、ぼくたちが立ち止まらぬところで起きた現象である。当の現象に巻きこまれているのだから、あえてそこで立ち止まり、近代とはなんであるのかを考察してみよう。なぜなら考察するのは精神だからだ。

ここでいう精神は「日本精神」を声高に叫び、戦争に邁進するようなあの「精神」とはちがう。「精神」は時代や国家権力と結びつくように世のなかの流れに安易に結びついてしまう。人々はたいてい、こういう「精神」を精神だと思っている。流行や社会的雰囲気、時代の流れ、〝空気〟がそれである。つまりは社会心理である。しかし、精神はそれとはちがう。立ち止まるのであり、端的には考えることを手放さないことである。

そこで、近代とはなにかという問いを立てた社会学を大いに利用するという方法から、精神に接近しようと思う。その意味で本書の目的は近代とはなんであるのかということを考察することで、現代の混乱を整理することにある。その作業は社会学の知見を応用して近代史の概要を作ることを目的とする。この作業によって、ぼくたちはなによりも、自分たちが立っている足元、その大地のありようの理解に近づく。日本の近

参考文献

新睦人・大村英昭・宝月誠・中野正大・中野秀一郎『社会学の歩み』有斐閣、1979

テンニース・F（杉之原寿一訳）『ゲマインシャフトとゲゼルシャフト』岩波書店、1957

バーガー・P・L＆ルックマン・T（山口節郎訳）『日常世界の構成——アイデンティティと社会の弁証法』新曜社、1977

見田宗介『社会学入門——人間と社会の未来』岩波書店、2006

代を理解するためにも、西欧の近代化の意味するところに焦点をあわせておきたい。

社会学の知見により近代化のプロセスを整理すれば、この整理した土台に現代の混乱を重ねあわせれば、この混乱の意味が浮き彫りになるにちがいない。

一章　永遠の昨日と正当性

近代化とは一八〜一九世紀にはじまった人々の生活の変化の総称である。人々の共同性のありかた、経済、政治や国家、さらに文化、それぞれがからみあいながら、それ以前の人々とはちがう生活が織りなされはじめた。この事実を認識し、この変化のありようをぼくたちは近代化と名づけたのである。

たとえば、近代となってはじめて、政治がもつ機能や仕組み、その成り立ちを自覚することになる。それ以前は政治のなかに人々は埋没し、政治を包含する伝統や宗教のなかで生きていた。それを人々は自覚することはなかった。歴史を振り返れば、人々は社会の、政治の、あるいは経済の仕組みについて無自覚であったのである。それこそ伝統や宗教がもつ力が支配的であった。

しかしながら、近代とは人間の自覚的な営みを常とする時代である。政治すらも自覚的に自ら築きあげるものであるという意識の変化を作りだし、それを自明のものとしたのである。この自覚こそが社会や政治の変革を思考する目にみえない原動力になってきた。

社会秩序が最も安定しているのは、その社会の規範や価値観が自然のものとみなされているときである。それらが自然の一部であると信じられていれば、疑問が生じることもないであろう。そもそも自然の力に人間の力が及ぶわけがないと考えられていた時代では、その社会の規範や価値観にこのような自然観が投影され、人間はそれらを変えることに畏れを抱かずにはいられなかった。

たとえば現代社会では、生まれながらにして身分が固定されてしまうという身分制社会に対して、当然のように違和感を覚える。しかしながら、かつてはそうではなかった。貴族の子どもに生まれれば貴族に、農民の子どもに生まれれば農民になるのは当然のことであった。生まれによって身分は決まっていたのである。指摘するまでもないことと思われるかもしれないが、じつは近代を対象化するには重要なことであり、ある者がある身分に属していることは、あたかも自然の秩序のように受け留められていたのである。

だれもがそのような身分制社会を当然のこととして、疑問をもたなければ、この身分制社会は非常に安定した社会になりうる。身分制社会がいいとか悪いとか、そのような批判の対象とはならないのである。

現代の自由な社会に住むぼくたちには、このような社会のありようをなかなか想像しがたい。しかしながら、このような社会が中世であったのであり、マックス・ウェーバー（一八六四―一九二〇）は中世を「永遠の昨日」が支配する時代であると形容した。

このような中世の人々を支配するのが伝統主義である。ぼくたちの社会でも、多かれ少なかれ支配されたり、服従したりすることがある。この支配と服従はなんらかの権威があるがゆえに成立する。そのため、支配する者と支配される者の間の関係性に正当性 Legitimität（Legitimacy）があるという信念を生みだす。権威には正当性根拠が必要になるが、それが中世では伝統であった。ウェーバーはこの支配の類型を伝統的支配と呼んだ。ちなみに Legitimacy は通常「正統性」と訳されるが、ウェーバーの場合、「正当性」と訳されることが多いので、ここでは「正当性」としておく。

現代では、正当性の根拠は合法性にある。ウェーバーはこの支配の類型に合法的支配と名づけた。現代社会の正当性の根拠である。つまり、法や規則に正当性が担われているのである。法や規則は制定する者がいる。行政、政党、企業など官僚制的組織がそれにあたる。普段生活していて、このような官僚制的組織が力をもつとは実感しがたいかもしれない。

しかしながら、たとえば結婚する場合、どうして役所に届ける必要があるのか考えてみると、婚姻届を提出するという行為は法的に必要とされる手続きであるからにすぎないことに気づくのではないだろうか。つまり、結婚する両者が結婚していると認めあっていたならば、それで十分ではないだろうか。実際、婚姻届を提出せず、事実婚としてパートナーシップを結ぶカップルも少数ながらいる。あるいはかれらの周りの人々が、かつてなら共同体が認めていれば、結婚は結婚であると考えることができる。ただぼくたちの多くはそのように想像することもできないだろう。その意味で、結婚ばかりではなく、あらゆることについて、法的手続きを踏むことを自明としているのは、合法的支配が近代社会における最も主要な支配形態だからである。人々の服従は支配者にではなく、規則体系によって確保されるのである。

と同時に、合法的支配であるがゆえに、法や規則を作る者に権力が付与されることもまた必然なのであり、行政官僚を含む官僚制的組織の権力拡大が生じやすいのである。

最も純粋な合法的支配は官僚制的支配である。それゆえ、さらに官僚を縛るために法律や規則が作られ、かれらはこれを遵守しなければならない。勝手に法をどんどん作られてしまえば、ぼくたちは法や規則にがんじがらめになってしまう。少年犯罪などの社会問題に対して厳罰化を求める流れがあるが、それらに新たな法律を作って対応すれば、新たな法律がぼくたちを縛ってしまうことにもなりかねない。

法と規則を熟知している官僚は法や規則を有利に利用しうるのである。それゆえ公務員は、法と規則を守る遵法精神を日々意識し、業務に当たらなければならないのである。また現代社会で裁判官や弁護士、あるいは司法書士や行政書士など法律関係の職業が多い理由は、この合法的支配に対応することを要求されるからである。網の目状に張り巡らされた複雑な法や規則に対して、ぼくたち一般人が十分に理解し対応することなどできないのは当たり前である。ゆえに法律家は民主主義的な社会では民衆の側に立たなければならない。真実の側に立つだけでは不十分なのだ。

ちなみにウェーバーはもうひとつ支配の類型をあげている。カリスマ的支配である。カリスマ的支配では、支配者個人がもつ特別な能力や資質を、支配される側が情緒的に受容することによって成立する。ときにカリスマが失墜したり、亡くなってしまったとしても、カリスマ的資質を引き継ぎ、個人に世襲されることもある。これを世襲カリスマという。あるいは特定地位が特別な威光をもつ場合、その地位につぎの者が立てばカリスマ性をもつ。これを官職カリスマという。ローマ法王のような存在である。カリスマ的支配はカリスマの非日常性を基盤とするが、継続的存続がなされると日常化していく。これをカリスマの日常化というが、カリスマ的支配のもとで生みだされた支配関係は日常化していくため、伝統的支配に類するようにもなる。

政治が一度決めてしまえば、現実は作り替えられる。政治にはそういう力がある。ひょっとして、取り返しのつかないこともあるかもしれない。しかし、政治における決定が正しいと思わなければ、だれもがその決定に従おうとはしない。そこで要求されるのが、正当性なのである。伝統的支配であれば、これまで正当性を受け継いできた偉い王が決めたことは正しい。合法的支配であれば、みんなで作りあげた法であるから正しい。正しい手続き、やりかたであるから正しい。だからこそ、決定にみんなが従うのは当然であると、みんなが納得する。ここに正当性の働きがあるとするわけだ。

では、ここで「永遠の昨日」たる中世の支配類型である伝統的支配にもどろう。まず合法的支配が近代的な支配の類型であることはすでに述べた。つぎのことを確認しておこう。支配の正当性は伝統から合法性へと移行してきたということである。中世の人々を支配した伝統主義とは、「過去にあったことを、ただそれが過去にあったという理由で、それを将来に向かって自分たちの行為の基準にすること」である。

これは一般民衆だけに適応されるのではない。絶対的な力をもった国王であっても、伝統の前では従順であった。というより、伝統に背くこと、そんなことは頭の片隅にもない自明なことであった。伝統や慣習が法なのであり、新たな法を作るとしても、国王は伝統や慣習を乗り越えるような法を考えることもない。そもそも国王といえども、自分の都合で法を作るわけにはいかない。

現在でも、伝統を大切にしなければならないとの価値意識をぼくたちはもっている。しかし、この意識は伝統主義ではない。なぜなら伝統を大切にしなければならないとの言説から理解できるのは、伝統を大切にしていないという現状への合理的判断があるからである。伝統主義ではいい悪いに関係なく、伝統が人々の生を覆っていたのである。ゆえに国王といえども、伝統に、言い換えれば慣習法に逆らうことはできないのである。これは実質的に国王の権力や権限を制限するよう機能する。ぼくたちの素朴な理解からすると、中世の国王は権力を自由にふるまい、好き勝手にしていたと思ってしまう。その理解は明らかに誤っている。権力者もまた伝統によって制限されていたのである。

ヨーロッパ中世のはじまりはゲルマン人の大移動による。西暦三七五年にはじまり、第二次の移動といわれる一一世紀にかけて、ゲルマン人はローマ帝国の領域に侵入してきた。古代ギリシャ・ローマとはちがう世界をゲルマン人が創りあげていった、それがヨーロッパの中世であった。

ギリシャ・ローマでは奴隷が世界を支えていた。中世においてはそれが変化した。世界を支えるのは農奴になった。農奴は土地に縛られてはいても自分たちの家族をもつことができ、自分たちの地位に安住することができた。中世は土地こそが人間を支えていく基本的な単位であり手段となっていた時代である。

その土地で生産をするのが農奴であり、その土地を敵から守る役割を担っていたのが領主であった。もちろん領主は軍人である。ここに身分が明確になり、それぞれの役割を果たすことが中世というシステムを回していったのである。

農奴たちは領主の保護のもと、かれらの共同体を創って、その共同体がかれらの生活を包みこんでいた。このような共同性は、都市では同業組合（ギルド）において同様の役割を果たしていた。この共同性のなかにいれば、農奴も同業組合の成員も安定した社会秩序のなかで生産活動を行い、生活することができ、相互扶助的な関係を当然のこととした。それぞれの成員は共同体から要請される役割を果たしていく。しかも、その要請を当然のこととして。それは近代の方からみれば、共同体にのみ意志があり、成員すべてを縛ることとのようにみえてしまう。近代の自由からすれば、不自由であり、束縛にみえるが、それは近代という新しい時代からみた光景にすぎない。

このように最底辺に共同体があり、それを支配する領主がいて、その領主は個人的な忠誠をかれより強い領主、つまり軍事貴族と結ぶ。これは契約である。そのなかで最強の軍事貴族が国王になる、これが封建制の基本構造である。

主従関係が契約であるというのは、日本人にはわかりづらい。日本人であれば、うえの気持ちを忖度して行動することがよい部下ということになる。しかし、契約ということであれば、事前に約束事として交わしていないことについて部下は関知する必要がない。しかしながら、契約しているにもかかわらず実行しなければ信頼を失う。中世ヨーロッパでは契約に忠実であり、上司もまた契約を守ることに心を配ったのである。あくまで個人契約である。

このような契約に関する考えはキリスト教における神と人間の契約から生みだされたものであり、ヨーロッパの者たちの最重要な規範であり、文化を構成する源でもある。契約は現代のビジネスにも当然のこととして浸透している文化である。

封建領主は国王から領地を給付される。その代わり、緩急あれば忠誠を尽くす。しかし、君主が契約違反を行えば、別の力ある国王といつ主従関係を結ぶかわかったものではない。このような関係性の最底辺にある共同体の成員は自身の領主はわかっていても、国王がだれかについては無頓着であり、そもそもあまり関係がない。つまり、民衆は国家の一員であるという意識をもっていなかった。

とすると、各共同体はうえからの統一的な機構のなかにあるわけではなく、ばらばらに散在しているだけである。政治的に統一されていないのである。この多様な寄せ集めの共同体が曲がりなりにもひとつの世界として調和している理由はキリスト教にあり、教会の存在があったからである。

中世の人々は生まれて死ぬまで、必ず教会の末端のどこかに所属することになる。洗礼を受けるとき、結婚するとき（結婚とは神との契約である）、葬式のとき、それ以外のキリスト教に関わる行事など、人々の生活のあらゆる側面を取りしきる。それ以外の選択肢はないというよりも、自明であり、疑いをはさむ余地など微塵もなかった。キリスト教はかれらの生活を、生命を包みこんでしまうものとして大いなる力を有していた。

世俗の君主は権力を有するにしても、権威を有する教会は人々の日々の生活を、精神を包摂する。たとえば、教会は結局人々の生活全般について領主よりも深く関わり、よく把握することになる。現代のぼくたちは住民票を取りに役所に行く。これはぼくたちが行政機関および国家との関係性が強いことの証しである。中世の人々は、現代の役所との関わりのように、あるいはそれ以上に、教会との関わりが強かったのである。教会のしきりのなかで、あるいは精神の管理のなかで生きていたといえる。ゆえに非常に複雑に分散した社会がキリスト教世界というひとつの世界像で結びつけられるわけである。宗教こそが中世ヨーロッパの普遍性を保証し、観念的な統一性を実現したわけである。

また中世は身分制社会であり、親の仕事を子どもがすることが当たり前であり、単純再生産を行う。このような社会のありようは、先の伝統主義に帰結する。よって、社会は人間が創りあげたものではなく、伝統やキリスト教に包みこまれている。伝統に従って生きていく伝統主義の社会では、社会に問題が起これば、先例を参考に解決すれば事足りる。秩序はあらかじめ与えられていて、その秩序が繰り返されるだけである。こういう秩序観が中世を覆っていたのである。このような秩序が人々にとって自明である、自然であると観念されていたのが中世であり、その支配の形態を伝統的支配とウェーバーは名づけた。繰り返しになるが、自明であると意識化できるのは、自明性の外に出たからこそ発見できるのであり、伝統的支配のなかでの意識ではないのである。

ここで現代の社会理論に目を向けてみよう。伝統主義から現代社会のありようを射程に入れて伝統的社会、そして初期近代、さらに現在の高度に資本主義が発達したポストモダン社会の特徴を理論化しているアンソニー・ギデンズ（一九三八―）にである。

社会理論家として高い評価を受けているギデンズによれば、近代社会の性格は社会が自分自身のありかたをつねに観察、点検し、変化させていくことを制度的に組みこんでいるところにある。この近代社会の性格を再帰性（reflexivity）という概念から読み解いている。あるいは反省性と呼ぶこともある。この概念はこれまで述べてきた人間の自覚的営みが社会に組みこまれたということを意味している。

ギデンズは近代以前の社会において、過去の慣習や伝統と同様のやりかたで人々が行為することが高い評価を受けていたことを確認する。これまで述べてきた伝統主義が行為の根拠であって、その枠組みから外れる行為は抑制されていた。つまり行為は伝統に埋めこまれていたし、そのことに疑問がもたれることもなかった。伝統に従った行為が繰り返されるわけである、これを伝統の再帰性という。

近代社会では、その様相は変わってしまう。再帰性の要件が変化する。近代社会では仮に同じ行為を繰り返し

ていたとしても、その行為は観察され、点検されている。つまり反省されている。伝統社会では反省があったのではない。その行為が伝統に則しているがゆえに正当性をもっていると信頼されていた。結局、観察され、点検され、つまり反省という意識的な営みを有している点で、近代社会の再帰性と伝統社会でのそれは決定的にちがうのである。

　両者の大きなちがいはなにか。伝統社会では伝統という信頼すべき根拠があるが、近代社会ではそれがないのである。それゆえ、反省という意識的な営みを踏むことになる。観察と点検はつぎの行為でもさらに行われなければならない。このように観察と点検、あるいは反省が延々と繰り返されていくのが近代社会である。近代社会では、伝統であっても反省という契機を踏むことによって、再帰的に適応される。これまで触れてきた自覚的に社会を創っていくという近代社会のありようである。

ちなみにギデンズは近代を二つに分ける。近代以前、伝統が正当性を担っていたように、前期近代では理性や科学、進歩がそれを担っていた。しかしながら、理性や科学が有する世界を観察し、点検していく反省性が、当の理性や科学、進歩といった理念を揺るがせてしまう。そこで前期近代において正当性の根拠であることのようにみえた理念自体が観察され、点検される対象になっていった。

よって後期近代では、根拠となる理念が相対化されるなかで、観察と点検が、つまり反省が繰り返されるのである。ちなみにギデンズはこのような社会のことをポストモダニティの社会と呼び、リスク社会という考えかたから接近している。リスク社会についてはのちに触れることにしよう（一二章）。

伝統的社会から近代的社会に移行していった理由について、ギデンズがどのように考えているのかもう少し触れておこう。ひとつは時間と空間の分離、ふたつめは脱埋めこみ化である。

時間と空間の分離は現代のぼくたちにとって当たり前のことであるため、かえってわかりづらいかもしれない。これは近代社会において標準的かつ普遍的な時間と空間が概念化されたということである。より簡単にいうと、近代になって、カレンダーや時計で時間を知るようになったことと、距離を数値で認識し、地図によって空間理解をすることなどである。この近代的な時間空間認識はかつての伝統的な社会のそれとはちがっている。

伝統的社会の時間と空間は場所と結びついていた。その例として江戸時代の不定時法を採りあげてみよう。太陽が昇る時間を「明六つ」、沈む時間を「暮六つ」と時代劇でも使われているので、なんとなく聞いたことはあるだろう。基本的には「自然な時間」ではあるが、太陽が昇っている時間と沈んでいく時間それぞれを六等分に分けた時間理解である。

そうすると夏と冬では太陽が昇っている時間がちがうし、太陽が昇りはじめる時間がちがうので、「明六つ」「暮六つ」といっても季節によってちがうし、毎日ちがうのである。現代では「明六つ」は春分で五時半頃、夏至で四時すぎ、冬至であれば七時頃である。また東と西の地域、たとえば北海道と九州ではちがうときを示すことになる。それは太陽の動きが場所によって異なるからである。

このように時間は人々が生活するローカルな場所との関連で理解されていた。近代は時間をローカルな場所との関連から引き離し、普遍的な時間設定をした。夏でも冬でも午前〇時は午前〇時であるし、北海道と九州ではもちろん同じ時間を示す。いまでは世界標準時間が設定されている。「自然の時間」は「機械の時間」になったのである。もちろん時間と空間の分離には交通・通信というテクノロジーの発展とともに進行してきた。

日本で近代的な定時法が導入されたのは、いわゆる新暦の導入として理解される一八七三年一月一日である。明治維新が近代化を中央集権的に押し進めたことはよく知られたことである。新暦とは人々の生活に密着したローカルな時間が、国家によってうえから導入されたナショナルな時間へと移行する近代国家への適応でもあった。ちなみに、明治新政府は役人に給料を支払えなかった。そこで、福沢諭吉（一八三五—一九〇一）はいち早く新暦カレンダーを販売し、大儲けし、役人に給料を支払ったという。

つぎに二つめの脱埋めこみ化とは、人々の行為がこのようなローカルな場所から離脱していくことである。伝統的社会がローカルな場所に埋めこまれていることは、これまで議論してきたとおりである。この離脱は時間と空間の分離による時空間の普遍的な広がりに人々が適応していくことでもある。

もちろん伝統的社会では人々の行為はローカルな場所に埋めこまれていた。たとえば、ローカルな知りあいとの関係が土台となるので、モノを交換するにしても、あるいは売買するにしても、そのローカルな領域内に留まるのが普通であった。

ところが、脱埋めこみ化はそもそも時間と空間の分離によって、時間と空間の縛りを超えて人々との関係を作ることを可能にした。同じ空間と同じ場所に囚われないコミュニケーションといえば、現在ではインターネットやスマホが当然思い浮かぶが、まさに脱埋めこみ化の典型である。

喫茶店で友人と一緒にいるところを想定してみよう。ローカルな状況に組みこまれているなら友人と話をする。しかし、よくみる光景ではあるが、スマホでほかのだれかと、あるいはなにがしかの情報とコミュニケーションしていることもある。後者が可能になっているのは、すなわちギデンズがいう脱埋めこみ化による。人類の歴史とは、あるいはぼくたちが進化だと思っていることは、人々の相互行為が脱埋めこみ化されてきたことにすぎない。ここにはテクノロジーとメディアが重要な役割を果たしている。

ギデンズは近代社会を再帰性という概念から分析し、時間と空間の分離、脱埋めこみ化という二点がその背景にあることを示した。近代社会はあらゆる行為が普遍的な枠組みに置かれて、この普遍的枠組みを利用して進んでいったわけである。グローバル化もまたこの普遍的枠組みなしには現象としてあらわになることはなかった。

これは先に採りあげた近代社会において具体化した自覚的営みの普

参考文献

ウェーバー・M（世良晃志郎訳）『支配の諸類型』創文社、1970

ギデンズ・A（松尾精文・小幡正敏訳）『近代とはいかなる時代か？——モダニティの帰結——』而立書房、1993

福田歓一『近代の政治思想——その現実的・理論的前提——』岩波書店、1970

山岸健・草柳千早・浜日出夫編『希望の社会学——我々は何者か、我々はどこへ行くのか』三和書籍、2013

遍化である。自覚的に社会を構築するという社会意識が現状の社会を理解するための普遍的尺度を作りあげ、その普遍的尺度を更新していくことによって、社会はとりあえず前進してきたわけである。そのはじまりには、中世の伝統主義、人々が世界を不変のものとしていた世界観からの離脱が必要であった。

二章　ルネサンスと自覚のはじまり

近代化は人間の自覚的営みを生みだし、それらを肯定するのであるから、近代化がはじまるためには中世の秩序に亀裂が生じなければならない。だからといって、近代になる瞬間に急激に変化が生じたというわけではない。近代を先取りする歴史的な経緯があったのである。それはルネサンスであり、宗教改革であった。中世の普遍的世界の頂点にありながら、最広義の近代はルネサンスと宗教改革からはじまる。

一五世紀の初めころ、イタリアはフィレンツェに古代文芸の復興運動がみられるようになる。これをルネサンス（再生）というのはよく知られたことである。文学、美術、音楽において、人類最高の美を生みだしていく。かれら自身は中世とのちがいを強く意識していた。この運動は大陸全土に広がり、海を越えたイギリスにも影響を与えた。

キリスト教誕生以前の古代ギリシャ・ローマへの関心が、ルネサンスの原動力である。この関心は中世社会における厳格な身分制度、伝統主義、キリスト教的な世界像の打破へとつながるのであり、ルネサンスは中世の秩序観の否定という側面をもつことになる。

カソリック教会による支配のなかに古代ギリシャの思想が流入するということは、「永遠の昨日」に安住することなく、古代ギリシャ人が行ったように、自ら考え、対話する実践が社会に組みこまれていくことである。古代の精神の復活とは学問をすることでもあった。

それまでキリスト教の神が定めた身分的な秩序に埋没していた人々は、そこに留まることができなくなる。人々の生活のあらゆる側面について、自ら志向していく気風が生じる。ここにヒューマニズム（人間中心主義）が現れる。神とは離れたところでも、人間自体が意味ある存在へと変貌するのである。そこで人間は自らの感性や想像力を解放する。それを表現すること、そこに美が生じる。これがルネサンスの芸術作品を生みだす。人間自らが作るのである。神が世界を創造したように、人間が美を創造する。人間はいまここで大きな自信をもつことになる。ついには人間の尊厳という考えも生みだした。人間の発見である。

このような人間中心主義は、身分とは無関係に自らの力や才能、そして想像力を芸術以外の領域でも発揮する考えへとつながる。美や真理を追究するだけではなく、経済的な活動、権力の追求もまた活発になる。ここに競争が肯定される基盤が生じ、商業が活発となり、成功者は膨大な富を蓄積する。中世の倫理的、宗教的自明性の枠組みに安住していた者よりも、この南欧の新しい気風のなかにいる商業人の方が、つぎに来る新しい経済に近づくのは当然といえば当然であった。資本主義の発生をアムステルダムにみるなど諸説あるにしても、その意味で、近代の資本主義に近い社会条件は南欧において具体化していたのである。このように、あらゆる領域で人間は自らの運命を自ら拓いていくようになる。いまやルネサンスは自由を発明した。もちろん自由は近代における最上の価値のひとつであり、近代を先取りしていることになる。

ここでルネサンスの代表的人物を採りあげておこう。レオナルド・ダ・ヴィンチ（一四五二—一五一九）である。当時の人々は古代の文化を学び、アテナイの人々がそうであったように、世界を偏見なく観察した。美術家は物事を観察したとおりにキャンバスに描き、彫刻で表現した。観察したとおりに表現することは芸術の方法でもあったが、科学の方法でもあった。この方法で芸術と科学両方を実践した代表的人物こそレオナルドであった。
かれは絵を描くだけでは満足できなかった。もちろん、かれの絵が優れていることは確かなことだが、かれは描いていることすべてを理解したかったのである。ゆえに、人間を描くことは、人間が泣くとき、笑うとき、さまざまな表情、姿勢それらすべての筋肉の動き、骨格、そういった人体の構造と機能を理解していくことでもあった。

それは自然においても同様であった。自然現象に対しては実験することによって接近しようともした。かれは人間も自然も徹底的に観察し、その結果を詳細に図や文字で記録していく。絵の技術もそこで動員された。ここで観察というのはみるだけではなく、考えることであり、なおかつ観察された結果を表現することでもある。設計、化学、金属加工、石膏鋳型鋳造、機械工学などの分野での業績で天才ぶりを発揮したが、かれの方法は明らかに自然科学の方法を先取りするものであった。かれは地動説を記しているが、聖書を信じるのではなく、かれの観察により導きだされた自然科学的な法則をこそ信じている。ただかれは、このような中世的、キリスト教的世界と相反する事実を広げることがどのような政治的意味をもつのかをよく知っており、慎重な態度を貫いていた。

このレオナルドの知や技術は、中世の、キリスト教の絶対的権威から生みだされるそれとは異なっている。かれの精神は明らかに近代的である。科学者としてのかれは神それ自体を否定してはいない。しかし、神の権威、教会の権威は後退している。かれは自然を観察し、人間を観察し、自ら理解することに邁進した。ここに科学が準備された。

人間自ら考えること、さらに観察し、法則性を取りだし、さらにその法則を人間が利用すること、それは古代ギリシャの知という古い知の復興ではあったが、中世の知に対しては新たな知であった。ここに近代的な合理主義やテクノロジーの先駆けをみることは容易である。科学が近代において最重要な文化であることはいうまでもない。

もう一点、私見を加えておきたい。レオナルドが人間や自然と対峙するとき、ひたすらそれらと向きあい、そこにある事実のみを事実として取りだしていた。かれと人間や自然との間には観察という行為があるだけであり、そこには教会も伝統もなかった。それらが人々の共同性を生みだす中心であったという意味では、かれの科学的態度には共同体もなかった。あるのは観察する対象と個人である。中世の人々は共同体に埋没しているのであり、個人という意識は希薄であった。そうすると、かれは個人を中世的絆、あるいは共同体から解放してもいる。

レオナルドの例は先鋭的かもしれないが、中世からの離脱は共同体を不要にしてしまう。少なくともかれの思想と実践の果てには。個人が残るだけではない。じつは科学の成果も残る。つまりテクノロジーが残る。神を見失って発見されるもの、それがテクノロジーになる可能性が秘められている。神が自然を創造したように、いまや人間がテクノロジーを創造する。共同体がなくとも、人間が創造したテクノロジーに人間が覆われる可能性が生みだされた。

ここに社会が必要とされる基盤が生じたとはいえまいか。共同体の喪失、そしてテクノロジーによる覆い、両者に畏れを抱く人間が人間として生きる共同体の代替、それが社会ではないだろうか。そもそも社会もまたテクノロジーではあるが、テクノロジーであることを秘匿しつつ、共同体が担った役割や意味を組みこもうとする。その意味で疑似テクノロジーでもある。なぜなら近代とは自覚的な営みを常態としたのであるから、共同体的な役割や意味を担うもの、つまりはテクノロジーや社会システムを自覚的に構築しようとすることは必然だからである。

そもそも人間が成立する要件として他者の存在を前提とするだろう。社会学的にも、人間を取り巻く社会関係のなかで、人間は人間となると考える。他者とともに社会を創って生きる存在、それが人間である。仮に、社会から、人間から切り離されてしまえば、人間であることの条件を失ってしまう。人間のようにみえても、非社会性を特徴とするのだから人間とはいえなくなる。ぼくたちはそのような存在とは共存しえない。ゆえに、人間とはほかの人間たちとともに社会を創って生きているものだ。よって、他者を担保するものとして、共同体が衰退すれば、代替となるもの、すなわち社会が生成しなければならない。人と人との間にはモノやメディアやテクノロジーがあり、これら全体が社会を構成するが、仮に個人とテクノロジーが直接的に結びつき、それのみで自存してしまうことには畏れを抱いてしまう。

つぎに宗教改革が中世に亀裂を入れた経緯を、最広義の近代のはじめとして議論していこう。宗教改革に関しては、のちのちさらに触れていくことになるので（七章）、あくまで中世に亀裂を入れたという点に絞っていきたい。ルネサンスは南欧から生まれた運動であったが、宗教改革はアルプス以北ドイツからの運動であった。宗教改革の世界史的意義は、日本に住むぼくたちの感覚ではわかりづらい。ぼくたちのように西洋から離れ、キリスト教がどんな宗教であるかにそれほど関心がない者にとって、宗教改革といってもひとつの宗教が分かれ、分派した程度としか思っていないのではないだろうか。じつはその程度のこととして受けとめては宗教改革の意義を捉えそこなう。

確認しておきたいことがある。宗教改革は英語で Reformation である。Rが大文字であること、しかも「宗教（religion）」という単語は使われていないことに注意したい。宗教改革は西欧世界の新たな形を作りあげた。その意味で「革命中の革命」とさえいえる。確かにカソリックの延長という側面もある。なぜなら、カソリックの修道院の規範が世俗にまで拡大したのがプロテスタントの特徴のひとつでもあるからだ。これまで中世世界がキリスト教によって統一的に包含されてきたことは触れてきた。ヨーロッパの共同性の土台にはカソリックが不動の存在として座していた。ゆえに中世は「永遠の昨日」であった。

しかしながら、宗教改革とはヨーロッパがひとつの共同体であるという観念を終焉させた最大の歴史的出来事である。つまり、カソリックとプロテスタントというふたつの宗教によってヨーロッパは分裂した。

よく知られるように、マルティン・ルター（一四八三―一五四六）の宗教改革をあと押しするテクノロジーがあった。ドイツのグーテンベルクが発明した活版印刷術である。ドイツやイタリアには多くの印刷所が生まれ、聖書をはじめ多くの書物が流通した。活字とは文字の大量生産技術であり、このテクノロジーによって、ルターは自らの考えを広めることに成功したのである。さらに、それまで読書は集団で行うものであったが、一人孤独のなか、本を手にして読書することを容易にしたのであった。先に触れた個人とテクノロジーが向きあう原型がここにある。

宗教改革において、新しい信仰、神と人間の関係が作られる。カソリックであれば、神と人間は教会を仲立ちにし、そこから制度が作られた。しかし、旧教であるカソリックに抗議するプロテスタントにおいては、すべての人間がそれぞれ神と対峙することになる。両者の仲立ちは不要である。いまや神と人格としての個人との関係になる。より正確にいうと、神と人の間には本というテクノロジーがあったのだが、神と直接結びつき、神は個人の内面へと浸透する。それが個人の行為の源泉であり、個人の内面の自律性となっていく。ここに個人の内面性は宗教的意義を獲得する。これは都市だけではなく農奴にも影響を与え、かれらは激しい解放運動を行うにいたる（ドイツ農民戦争）。

ここにヨーロッパの普遍世界を観念的に保証していた教会の地位は相対化される。さらに国家権力は教会の権威から解放される契機ともなる。また、仲立ちとしての教会を不要とするため、個人の自律、良心という自己の内面性を醸成する。

中世なら与えられた世界がすなわち秩序であり、それは理性の具現化とみなされた。このとき、理性は自然のようである。しかし、宗教改革において理性は異なる役割に向きあうことになる。究極的には神の意志はわからないのでありながら、理性によって、個人の欲望をコントロールし、人間を統制するのである。そこで目指される組織は、かつての教会のように、そのまま秩序として無自覚に信じられるのではなく、合理的に自覚的に作られるものへと変化する。

このようにルネサンスと宗教改革の意義をみてみると、中世世界がもっていた無自覚に成立していた秩序が、自覚的なものとしてあらわになりはじめている。それは科学であり、個人の自覚、理性の変容などとして現れていた。こういう思想の転換は中世のなかから出てきたものでもあり、中世世界の底辺にあった人間の内面を捉えたということでもある。この運動がより一般化していく先に近代化が待ちかまえている。

ルネサンスでは、人間が自由を自らのものとする意識を醸成し、人間の尊厳をも発見する。しかしながら、このような人間という理念があるにもかかわらず、非常に巨大な権力機構、政治に対して、人間は弱く、無力な存在であった。これは人間の尊厳と矛盾している。中世的な秩序も揺らいでいる。そうすると、人と人の間には信頼が希薄となり、エゴが表面化する。そこで、この社会状況を調整する必要が生じる。それにふさわしい政治が、国家像が要求されるようになる。ここに近代への橋渡しがみいだされる。

人間の尊厳の発見とともに、人間の利己性が前面に出てくる。近代の政治理論においては、個人の増大する欲望、利害と社会との間での調整は、よって大きな主題となる。四章でトマス・ホッブス（一五八八―一六七九）などを通してみていくことになるが、ルネサンスという運動は個人の欲望、利害への強い関心、政治であれば、権力を追求する人間が生みだされる誘因になった。つまり、利己的な欲求の主体としての人間が明確に生みだされた。

人々の利益の追求は中世においてであれば、与えられた秩序のなかで、その秩序の維持の枠組みで処理される程度のものであった。ゆえに共同体や教会が対応した。ときが進み、利己的な欲求の主体はいまや共同体がもつ伝統を超える可能性をもちはじめ、教会は宗教改革を通して相対化されてしまった。そこで要請された人々の欲望や利害の調整のための主体が国家である。

中世においては支配するもの、支配されるものに政治的な支配関係があるにしても、両者はひとつの共同体を形成していた。それを国家（キヴィタス、civitas）といった。しかしながら、近代における国家はちがう。国家とは権力そのものを指す言葉である。つまり支配する側のみを表したり、支配のための仕組みを示す。支配されているぼくたちは、もともとこの国家を構成する一員というわけではなかった。こうした国家をスタト（state）という。このようなスタトを国家とみなしたのがニッコロ・マキャベリ（一四六九―一五二七）であることを指摘しておこう。ちなみにこのカウンターとして、人間の理性を信じて導かれるのがユートピアである。

のちに近代国家の特徴について議論するが、ちなみに現代の国家もまたスタトであると考えられる。時代がより進めば、ジャン＝ジャック・ルソー（一七一二―一七七八）などの社会契約説が国家観の基礎となり、国家を自己のアイデンティティとする社会意識が生成していくことになる。しかし、近代国家もまたその基本構造は支配のために創りあげられた機構にすぎない。このような国家の基本に立ち返れば、現代のぼくたちはスタトの構成者ではないのだが、スタトはぼくたちがその構成員であるという意識を作りだす。そもそもスタトが支配の手段とするのは警察や軍隊によるむきだしの物理的力ではあるが、より柔らかい手段を使うようになる。それが国家によるプロパガンダであり、マス・メディアの発達がその土台である（七章）。

さて、これまでみてきたようにルネサンスと宗教改革がすでに近代を先取りしていたこと、それは中世の「永遠の昨日」からの離脱でもあった。近代の国家の性格についてはのちに触れることになるが、それは国家という水準でも旧来の国家（キヴィタス）からの離脱があった。一八世紀から一九世紀へ、あるいは現代社会を理解するためには、科学の発達、個人の自律、産業資本の発達、近代的な意味での国家の出現など、近代以前とのちが

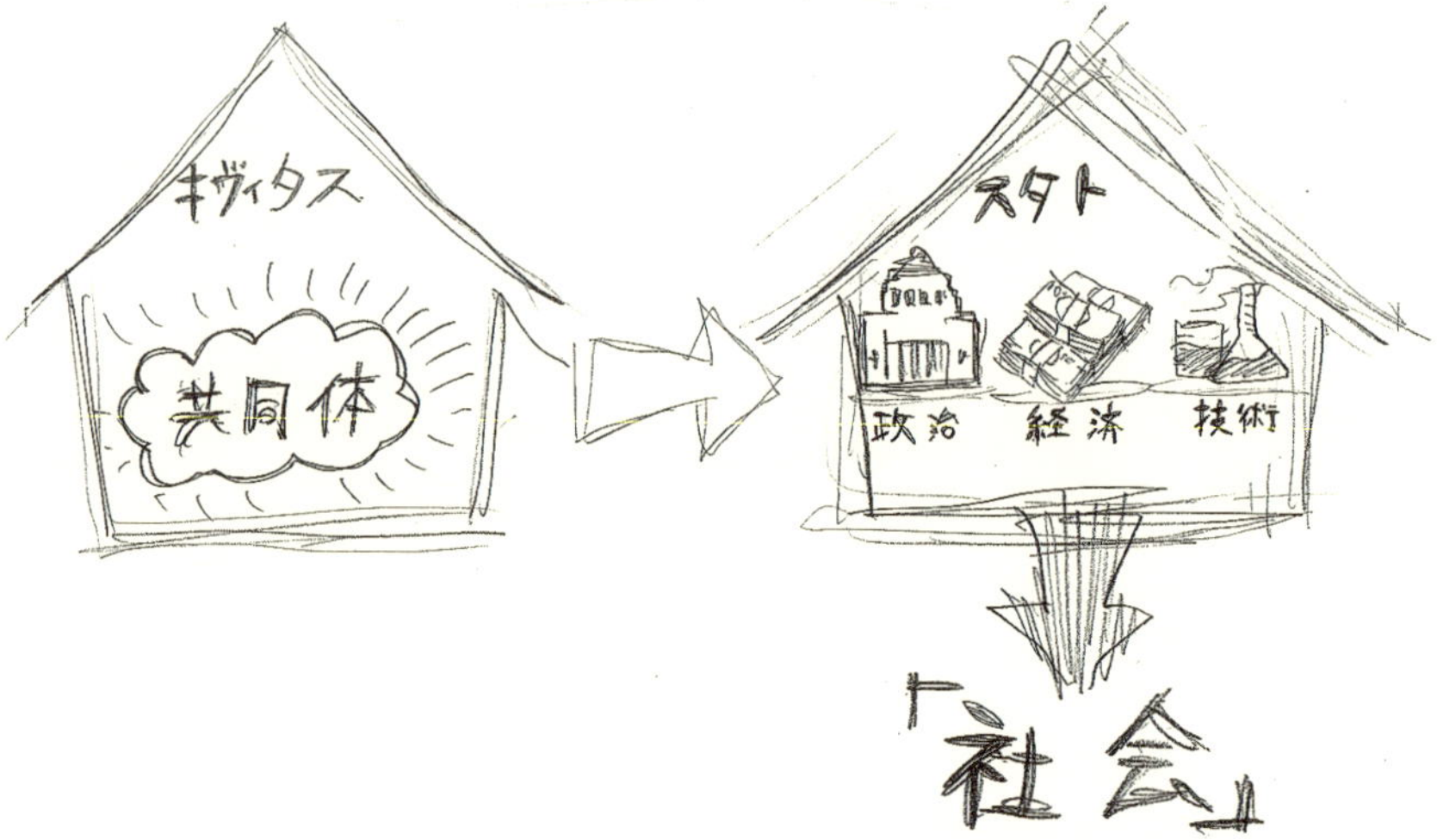

いに、その変化が浮き彫りにならなければ理解しがたいのである。このように中世から近代へと歴史が進展すること、そこには人々の生活の変化に着目する視線がある。社会学者もまたそのような視線を共有していた。

　中世社会に埋没した意識が、そこから離脱し、自らを自覚的に捉えようとすることは繰り返してきた。このような意識は歴史的に構築されたものだが、つぎのような意識としてもみいだされる。つまり、あるがままの社会をみる意識とあるべき社会を構想する意識である。

　先に触れたように、近代社会の性格は再帰性にある。つまり自己反省的に社会を観察する。ルネサンスや宗教改革が近代化を少なくとも先取りしているということは、そこにも社会を自己反省的にみる契機が内包されていなければならない。この反省性は、社会をあるがままの社会とあるべき社会に二分して理解する。このような反省性を有する社会意識が啓蒙思想の時代を導くのである。啓蒙は人間の理性による理想の現実化というプロジェクトへの信頼である。その背後にはこの二分化して理解された社会像がある。中世のありようとのちがいを自覚すれば、歴史が流れていることにもまたぼくたちは気づくだろう。

ルネサンスと宗教改革における科学のはじまり、人間の発見、個人の自覚は、その後の一八世紀から一九世紀にかけて生みだされる実証主義を用意し、支配から解放されるべき人々の自由と平等という精神性を奮い起こすことにもなった。もちろん、実際にはこれらの諸概念は表面的にはキリスト教的な神概念からの離脱にみえるが、じつのところ神概念から導きだされたものであったし、近代的な、啓蒙精神の個人はその雛形をこの神概念から転移するものであった。

このような中世から近代初期への歴史的流れを整理した人物がいる。それは「社会学の父」と呼ばれるフランスのオーギュスト・コント（一七九八―一八五七）である。一七八九年のフランス革命から半世紀経ったころ活躍した。かれの主著『実証哲学講義』第四巻に社会学という用語が使われている。これが一八三九年であるから、この年が社会学誕生の年ということができる。

コントの時代は、フランス革命以降の政治的動乱の時期に当たる。また産業革命の初期でもあり、まさに近代社会へと進む急速な社会変動の時期でもあった。また啓蒙主義から実証主義へと変化した時代でもあった。理性万能から一歩離脱し、ある主張をするためには証拠や論拠が必要であるという考えが大勢を占めるようになっていた。まさに科学の時代になり、科学が哲学に影響を与え、その哲学のなかから派生独立した、自分たちの社会を冷静に認識する学問が社会学になったのである。そもそもコントは哲学者であり、かれの思索のなかから社会学が生みだされたのは、まさに時代の要請でもあった。

かれが残した有名な言葉「予見するためにみる」との考えは、この激動の時代の変化を予測するために、いま現在の社会のありようを観察することによって法則性をみいだそうとするものである。社会も自然と同じように法則性をもつと考えたのだ。ちょうどフランス革命のあと、力をつけはじめていた市民階級が必要としたものの見方であった。社会の変化、つぎからつぎへと生じる社会問題、それらに対する診断と対策が社会学の課題であったし、社会の変革、自己反省的に社会を設計しようとする時代に適応したものであった。

コントの社会学の試みはひとつの歴史法則として示される。これは当時の生物学における進化論を継承したものといえるが、人間の精神と文明もまた大きく三つの段階を通じて進化してきたと考えた。いわゆる三段階の法則である。

最初は神学的段階で人間の知識が虚構に支配されており、神のような超自然概念が人間精神を支配しているとする。つぎが形而上学的段階で、人間の論理的理性が優勢で、抽象的思弁が支配する。つまり、理性への信頼の時代である。最後が実証的段階で、経験的に確証された事実にもとづき、それらを論理的に体系化することが可能になった段階である。コントはコントが生きている時代を形而上学的時代から実証的段階への移行期として捉え、アイザック・ニュートン（一六四二―一七二七）が体系化した自然科学の方法を模範としなければならないと主張した。

この三段階の法則自体が実証主義というより思弁的なもので

参考文献

新睦人・大村英昭・宝月誠・中野正大・中野秀一郎『社会学の歩み』有斐閣、1979

清水幾太郎『オーギュスト・コント』筑摩書房、2014

深井智朗『プロテスタンティズム　宗教改革から現代政治まで』中央公論新社、2017

福田歓一『近代の政治思想――その現実的・理論的前提――』岩波書店、1970

ラッセル・B（市井三郎訳）『西洋哲学史２』みすず書房、1970

ラッセル・B（市井三郎訳）『西洋哲学史３』みすず書房、1970

あるが、そこに歴史の発展段階説をみいだすだけではなく、当然ではあるのだが、認識の自己反省的な性格もみいだされる。

本章で述べてきたことと重ねながら、大雑把な整理をしてみよう。神学的段階は中世の伝統やキリスト教に覆われた世界の認識に対応するし、形而上学的段階は中世的な世界から離脱し、人間中心主義が生みだされた段階である。当然、人間中心主義は知性としては理性を信頼した思弁性をもつ。最後の実証主義的段階は自己反省性が観察にもとづき、自らの社会を自ら構築しようとすることと対応する。特にフランス革命、産業革命という旧体制（アンシャン・レジーム）から新しい時代への移行は、秩序の混乱を伴いつつ、この混乱に対処しようとする自覚的試みを活性化した。

ちなみに人間中心主義と個人の発見が重ねあわされれば、自己中心的な世界観が醸成される。それは、現在「ジコチュー」と呼ばれるわがままな人を指すのではない。そして、キリスト教もまた自己を超えた存在をみいだす宗教である。その意味で神に従属するのが自己である。と同時に、本来的に自己は自己を超えた何者かとつながっている関係にある。その何者かが神と名づけられている。自己を超越した普遍性を、よって自己もまた有している。ところが自己だけが前に出て、神が後退してしまえば、人間が世界の中心に、個人が世界の中心にあるという世界観になっていく。自己は自己を超越したものの一部であり、それと関係を有するということは、自己からみて、自己を超越した存在のありようのすべてはわからない部分をもたざるをえない。近代に入る前、このような人間の謙虚さが失われはじめた。

近代化がはじまっていったのである。

三章　主権と近代国家

一五世紀半ば、イギリスのヘンリー八世は王妃キャサリンと離婚しようとした。しかし、ローマ法王は離婚を許可しなかった。理由は、結婚とは神との契約、約束であるから、神との契約を破棄するなど人間にはできないという宗教的判断であった。

ちなみに日本でも現在は教会で結婚式をあげるが、結婚とは新郎と新婦が結婚を約束するものと思っていないだろうか。キリスト教的にはじつはちがう。新郎と新婦はそれぞれ神に直接約束するのである。神との契約であるから、厳格なキリスト教徒は離婚できなかった。結婚式のとき、「その健やかなるときも、病めるときも、喜びのときも……」という誓いとは、神との契約の言葉なのである。

ところが、ヘンリー八世はローマ法王の許可なく離婚し、つぎの結婚をする。さらにイギリスの教会のトップに就いてしまう。世俗の者が聖職者のトップになるというのは、社会のなかで大きな変化が起きたことを意味する。権威は教会が、権力は国王がという中世以降続いた体制が壊れたのだ。ついに国王は、ローマ教会さえ手出しできない存在となった。

海を渡ったフランスで、ルイ一四世は「朕は国家なり」との言葉を発した。一七世紀中頃である。この言葉が意味するのは、ほかの貴族たちが束になっても勝てない強力な存在に国王が位置づけられたことを示すものである。かつては国王といっても、貴族のなかで軍事的、政治的に最有力な存在という意味でしかなかったが、ここに絶対的な権力が成立した。

この絶対主義の時代は、つぎの市民社会への過渡期ともいわれる。なぜなら市民社会における中心的な考えをいくつも生みだしたからである。絶対主義において、国家は君主の私有財産となる。土地と人民は君主のものとなった。フランスにジャン・ボダン（一五三〇—一五九六）という思想家がいた。かれはこの絶対王権に理論的根拠を与えた。そのとき提唱されたのが、主権という概念である。まず、宗教と政治では宗教の方が重要であるとされていた秩序が、かれの思想では変更されている。具体的な政治問題の方が宗教よりも優先されるという考えである。これを「ポリティック」思想という。そして、この政治の主体が国家となった。蛇足だが、現在は政治より経済が優先されるので、ボダンに倣えば、「エコノミック」思想とでも名づけたいところではある。

ボダンは「国家の絶対にして永続的な権力」を主権と位置づけた。ここから主権はだれからも、教会からも、大貴族からも拘束されず、君主は国家を自由に扱っていいということになった。それまで封建制のなかでは、国王と貴族は契約によって関係が結ばれていた。しかし、絶対主義においては、そんな契約に縛られることさえないのである。さらに、主権は伝統や慣習さえ無視することができるのだ。ゆえに絶対主義なのである。

君主であっても伝統に包含されていた中世世界からの離脱がここにみえる。絶対王権は伝統の外部に出て、自覚的に社会を創ろうとしたし、法を作りだすことになった。ここに立法権が発生する。主権と立法権はこのような中世的世界観からの離脱として現れたのである。ぼくたちが生きる現代社会の主権と立法権の出自は、絶対主義にあるのだ。

中世においては、法とは慣習法であって、慣習のなかから問題解決を導きだしてきた。つまり、法はすでに存在していた。絶対主義において法のありようは変わった。法は作りだすものとなったのだ。すでに存在しているものから作りだすものへと。もちろん、現代の法が作りだすものであることは明らかであり、繰り返すが、ゆえに出自は絶対主義なのである。ちなみに立法権にとって、課税権がもっとも重要な要件である。

ここで、公共の福祉という概念にも触れておこう。日本国憲法にも当然規定のある概念であるのはいうまでもないが（第一一、一三、二二、二九条）、人権の制約原理として広く理解されている。この概念の出自もまた絶対主義に遡る。権力が利益を貫徹すれば、人々の間で不満が生じる。絶対王権といえども、人々に認められなければ、王が王であることはできない。そこで、公共の福祉や人民の安寧のためといって、あくまでも公共性に基づくものであると主張する。ここで不利益が生じる人々は不満を抱くにしても納得したのである。このような経緯をみると、公共の福祉という考えかたは、権力者が民衆の不満を柔らげる方便として利用したのだ。実際には不満を解消できなければ、宗教の力を利用もした。

もう一点、触れておきたい。それは軍事力が変わったことである。これまた中世と比較すると、近代的な軍隊へとつながる変化であった。中世の国王は戦争になると、主従関係を結ぶ臣下たちが差しだす軍勢によって軍隊を構成した。これも国王と家臣との間にある契約に基づく。しかも、臣下、つまり封建領主たちの軍隊は軍隊として訓練を受けていたわけではない。領主たちは軍人階級ではあるが、それ以外は力自慢の男たちの集まりにすぎない。なかには雇われた山賊や海賊も多かった。つまり、傭兵であった。

しかし、絶対主義下の軍隊はプロ軍団である。都市の商工業者が豊かになり、封建領主をきらうかれらが、国王の資金源となる。この資金を元手に、国王は自前の軍隊を作るわけである。きらっていた理由は簡単である。商工業者らが作りだした富を奪っていたのが山賊であり、海賊であったりで、そのかれらを雇って、自由にさせていたのが封建領主であったからだ。

国王の新しい軍隊は常備軍であり、軍事訓練を日々行う者たちになる。プロの軍隊と力自慢だけのアマチュア軍隊では力の差は歴然である。常備軍をもった国王は勢力を増し、それと同時に封建領主は衰えていく。と同時に、商工業者が住む都市が大きくなっていく。このように国家が自前の常備軍を備えていたという軍隊のありようは、現代の国家なら当然のことである。と同時に、軍隊は国家に直属しており、ほかの機構はもちえないといった点でじつは特徴的である。軍隊および警察という暴力装置は国家に占有されている。このような国家と暴力装置との関係性は絶対主義の時代に用意されたのである。この流れのなかで、国民を徴兵することが自明となっていく。そのために必要なのは、国家が人々のものであるといった意識の変換であった。

中世から近代の過渡期としての絶対主義とは、近代における主権や立法権、さらには近代的な軍隊を用意していったことになる。加えて、商工業の発達と都市化もまた進展していったのである。つまり、政治的な水準で、かなり近代化していった。絶対主義の時代になって、王国は国家（スタト）という形式を整えはじめたわけである。国家は主権をもつ、なにものをも恐れることのない存在である。近代国家はこの国家のありようを理論的にも現実にも継承している。それ以前の国家は古代ギリシャの都市国家をイメージすればよいのだが、先述したキヴィタスである。

イギリスの哲学者ホッブスはこのような国家のありようをリヴァイアサンと呼んだ。旧約聖書の『ヨブ記』に出てくる、神をも恐れぬ怪物である。国家権力が動きだしたら、その横暴を止める手立てはない。そのような恐ろしい存在、それが国家権力の本質であるとホッブスはみなしたのであり、近代社会における国家観に含まれている考えである。実際に国家がその気になれば、国民は戦争で命を懸けなければならないし、冤罪でも逮捕投獄されて自由を奪われてしまう。最悪の場合、現在の日本なら、死刑となり命さえ奪われる。

では、近代国家とはなんであろうか。端的には、近代市民社会を基礎とした国家である。これまでみてきた主権という点でいえば、主権が国王から市民階級へと転換したものである。この転換が一七、八世紀のイギリスやフランスの市民革命に当たる。そこで、主権が移動したことによる国家機構の整備が必要になる。近代国家を生みだした革命が、市民と主権を結びあわせる。国家規模で考えれば、市民は国民とみなされ、国民は国家の運命と一体化しているという意識が作られる。

この移動は権力者が自らの絶対的な意志に任せて社会を構築することから、一人ひとりの人間が自ら生活する社会を、自ら創りだしていくことへの変化であり、自らがそういう社会を創りあげていくことを自覚することとなる。絶対主義時代であれば、絶対君主が法を作りだしたのだが、少なくとも理論的には、近代市民社会では市民一人ひとりが自ら参加し、法を作りあげる。自ら作りあげるために必要なのは、世界を観察することであり、同時に人間自身を反省的に捉えることであった。ここにギデンズがいう再帰性が足場を固めだしたことを確認することができる。

さらに、国家が自然な存在であるという考えかたが後退するのは必然であり、神から与えられたものという考えも後退する。国家は自然ではなく、人為的存在であること、それが近代国家というアイデアの基本中の基本になる。国家の神からの、自然からの切り離しである。

そもそも国家という言葉で、ぼくたちが想起するのはなんであろうか？

おそらくは国民ではなく、国土ではないだろうか。隣国に行く場合、国境を越える必要があるが、国境とはまさしく人為的な境界にすぎない。しかし、その国境には特別な存在感がある。

テレビ番組などで、レポーターが国境を跨いだり、行ったり来たりする場面をみかけることがある。いまA国にいるのに、一歩ずれるとB国に、一歩もどればまたA国にと、国境という存在を楽しんでいる場面を思いだしてほしい。この場面では、国境の実在性と虚構性、その二側面が同時に成立していることをもてあそんでいるようにみえる。他国に行くとき、パスポートやビザが必要であることを当然としているが、この場面は国境と国家が人為的であることを浮上させ、ぼくたちの自明な感覚、この場合、国境が実在しているという感覚を揺るがしている。ゆえに、面白く感じるのである。

では、どうして国境は実在性をもっているのだろうか。古代の都市国家であれば、都市の周囲を守る城壁が、その内と外を位置づける。しかし、現在の国境に城壁があるわけではない。なくはないが、珍しいケースだ。日本は周囲が海で囲まれているため、イメージとしては国境が自然に存在しているようにみえるため、国境自体の人為性を意識しづらいかもしれない。

じつは国境が実在性を帯びる理由は、当たり前だが、自国以外に他国が存在していることにある。近代社会になると、国家は常備軍を有する。さらに国民は主権者であるがゆえに、自国は自らのものである、あるいは自らの基盤であると考える。そのうえで国民自らが常備軍を構成する。他国も自国と同様である。自国と他国の関係を考慮すれば、自国の利益は主権者である国民一人ひとりの利益であるという考えかたを抱くことになる。この考えかたは、よく聞く「国益を守る」というフレーズに象徴されている。他国もまた「国益を守る」と考える。国家間の関係は、お互いに「国益を守る」ために、国際間でそれぞれ利己的プレーヤーとならなければならない。よって、競合関係になる。実際に国益が対立すれば敵対関係の様相さえ帯びる。このような国際間の関係性が競合や敵対となると、国内においては国民国家の統合性が高まることになる。近代の主権国家が国家という意識を強化したのは、他国が自国ではないということにすぎないのである。他国は敵国である、あるいはその可能性をもつということである。

近代国家の内在的要因はこれまで述べてきた主権であるが、外在的要因はなんであろうか。それは遠因には宗教改革、そして具体的にはおぞましい三〇年戦争（一六一八〜四八年）がある。最後の宗教戦争ともいわれる。

中世ヨーロッパはローマ・カソリック教会の権威のもと、統一ヨーロッパとしてのまとまりをもっていたが、ヨーロッパ北部にはじまる宗教改革はプロテスタント諸派を生みだし、その統一像は揺らいでしまう。敬虔なカソリック教徒、そして神聖ローマ帝国皇帝はプロテスタントとの融和を目指すが、対立は深まっていく。三〇年戦争のきっかけは、プラハの宮殿でプロテスタントが皇帝の代議員三人を窓から落としたことによる。かれらは無傷であったが、そこから多くの権力者たちの政治的、経済的な思惑が重なりつつ、三〇年もの長期の戦争になり、ヨーロッパほぼ全域に広がっていった。

先ほど述べたように、当時の軍隊はおおよそ傭兵である。かれらは暴行と略奪を繰り返す粗野な兵士であり、無差別の大量殺戮さえ行った。この戦争では無関係の農民から掠奪することも平気であった。行く先々で放火や殺戮を繰り返し、かれらの欲望を満たすため、無抵抗な人々を苦しめた。傭兵にとって、皇帝やカソリックの教条などどうでもいいものにすぎなかったのだ。よって、当初カソリック側であった者がプロテスタント側に、その反対ももちろんあった。かれらは自分たちの取り分が多ければ、宗教など関係なかったのである。最も被害が大きかったのはプロテスタントが多かったドイツである。荒廃によって、飢餓や伝染病も蔓延し、ドイツの人口は半分になってしまった。残った者も多くは困窮にあえぐことになる。

宗教戦争としてはじまりながらも、あまりの混乱のなか、自国の利益獲得にのみ執着するという現状になるため、宗教戦争でさえなくなっていく。実際カソリック国であるフランスはドイツに立ち向かうのではなく、自国の利益獲得、勢力拡大のため、カソリックの神聖ローマ皇帝と闘った。

この最悪の状態は、ヨーロッパ自体が壊滅してしまう状況とさえいえるものであった。ようやく一六四八年、各国から送られた使節がウエストファリア（ドイツ）に集まり、歴史上はじめての国際会議が行われた。話しあいは混乱を極めた。なぜなら、各国の敵対関係は解消不可能な状況であったからである。結局、ローマ教皇を中心としたキリスト教の形式的維持を守りながらも、諸国家間の敵対関係は解消されなかった。そこで解消不能であることを折りこんで、条約が作られた。ウェストファリア条約である。

ウェストファリア条約においては、三〇年戦争以前の状態にもどすことが決められる。プロテスタントであったところはプロテスタントにもどり、神聖ローマ帝国のもともとの勢力範囲はカソリックに残すことになる。これはプロテスタント諸国家の独立を認めるという意味でもあった。つまり、各国は相互に主権の不可侵を約束したのである。と同時に、諸国家間に休戦ラインを明確に設定し、人々はこの休戦ラインを自由に行き来できないことにした。つまり、現在われわれが国境と理解するものが人為的に構成された。

ここで重要なのは、国際間の敵対関係は解消されていないという点である。三〇年戦争の大激震は、人々が自覚的に対応することによって、国際条約を締結し、近代的国家の形式を整えるのだが、それでもなお、他国への敵対的感情という問題は残っていた。この感情は現代でも国家間の関係の下敷きでもあり、ぼくたちを悩ませている。

しかし、軍事衝突が起こり、戦火が拡大してしまえば、ヨーロッパの安全どころか、ヨーロッパの成立自体が危ぶまれてしまう。ドイツのような人口半減、なおかつ人々の困窮は回避されなければならない。ゆえに戦争はしないという選択にすぎないのである。これがヨーロッパ産の平和観である。平和とは、敵意を抱きつつ、具体的な行動をしないという意味でしかない。つまり、はじめての国際法もまた人間の自覚的営みから生みだされた。国際法はその本質として慣習法であるから、各国は敵意があるにしても、自覚的にウェストファリア体制を選択していくことになった。

ところで、ぼくたちはこのような平和観をもっているだろうか。ぼくたちが平和というとき、その内実は敵意をもたない状態を意味していないだろうか。しかし、近代社会における平和という概念は、じつはこの程度の意

味でしかない。
国際関係の「厳しい現実」という言いかたがある。この認識は、ウェストファリア条約をもとにした主権国家間の関係があくまで敵意を前提にしていることから生みだされている、という一面をもつ。単に実際の国際間の軋轢を意味しているだけではなく、国際関係は敵対関係に常にあるという認識が前提となっているわけである。あくまで国際関係に限ってではあるが、この認識をもとにすれば、日本人に対する批判として「平和ボケ」というレッテルも生じる。それは「厳しい現実」の裏返しである。日本人がもつ平和観では、他国との敵対という考えは前提になってはいない。あくまで友好関係であることが平和であると考えられているが、ウェストファリア体制から逆算される平和とはズレているのである。
これまで大きな戦争が繰り返されてきた

が、あくまでウェストファリア体制のヴァージョンアップとして新たな体制が確認されてきた。ナポレオン戦争後のウィーン体制、第一次世界大戦後のヴェルサイユ体制、さらに第二次世界大戦後のヤルタ＝ポツダム体制がそれであり、国際連盟および国際連合とはその具体的機関でもある。このウェストファリア条約は、はじめての国際法であり、現在の国際法の基本中の基本である。三五〇年以上経ついま現在も有効性をもち、外交関係の基本軸である。

ここから近代国家、主権国家における国家の定義がなされ、国家の三要素が位置づけられる。領域（領土、領海、領空）と人民、そして権力である。近代社会における国家とは、確定された領域に、人民（国民）が存在し、実力の準備と行使によって排他的に統治する、一元的な権力（主権）機構の三位一体を指す。また、国民とはこの領域内に住む人々という程度の意味しかないのである。絶対主義下の王がもつ主権が革命によって国民に移行する。ゆえに領土を侵されれば、主権が侵されたとするわけである。

このように近代国家の形式が整ったのが、ウェストファリア条約が成立した一六四八年である。とすれば、それ以前は確定された領域が法的に規定されていたわけではなかったことになるし、ヨーロッパ産でしかない国家観が世界に広がるのには歴史的な展開を待たなければならなかった。ちなみに日本は周りが海であるため、いつの時代であっても、あたかも領土が確定されているように思えてしまうが、国際法的には国際関係を各国と結ぶ明治維新以降に受け入れたことになる。つまり、ヨーロッパでは、ウェストファリア体制以前、あるいはヨーロッパ以外では、国際関係を構築するなかでウェストファリア体制に組みこまれる以前には、いま現在ぼくたちが当然のこととしている領土も、国民も存在しなかった。国境や国土という概念がこのような歴史的経緯によって作られたことをなかなか意識することはないが、それ以前には存在しなかったのである。

それにしても、平和の根底に敵意があるとは、穏やかではない。なんと不安定な世界なのであろうか。問題は当然ある。近代はこれまで繰り返してきたように、自覚的に世界を組み立てていくわけだが、実際に敵対ベースで世界が構築されることを自覚化していけば、この平和観に疑問をもつ者も生じる。諸国家の敵対ではなく協調を、排除ではなく統合を目指す視点も出てくるだろう。

ただウェストファリア体制から導きだされた思想のなかには、みすごしてはいけない倫理がある。寛容である。血で血を洗うかのような三〇年戦争の反省のもとに、他者の信仰を認めるようになったことが近代的な自由のはじまりであった。そこには、先の敵対とは相反する精神がある。他者の信仰を許しがたいと思うと同時に、その存在を断固として認めようと相反する精神が倫理的要請となったのである。この寛容の精神は、異なる他者を容認し、受け入れるようにぼくたちを導く。ウェストファリア体制とは、他者とのちがいを乗り越えて、共存するための人間の知恵の必要性が自覚された機会ともなった。ちなみに寛容こそリベラリズムの精神的支柱であり、リベラリズムとは敵対を乗り越え寛容であることを課題とするのである。

ここでウェストファリア体制の負の側面をみておこう。ウェストファリア体制を取っている国家は近代国家であるから、主権をもつ国家である。主権を確立している国家に対しては敵意があるにしても、戦争を仕掛けるのは違法である。とすれば、主権を確立していない国であれば、つまり近代国家の形式を整えていなければ、侵略してもいいという理屈になってしまう。人が住んでいたとしても部族社会であれば、あるいは古びた封建制であれば、その土地と人民を支配し、近代国家の形式を整えてあげることは善なる行為という理屈になってしまう。つまり、近代国家の形式を整えていなければ、軍事行動を合法化できるのである。さらに、そうした遅れた地域にキリスト教の教えを広げることはかれらに福音さえもたらすとまで加わる。

よってヨーロッパの列強は世界に繰りだし、土地にいる住民を支配し、植民地化していった。もちろん主権国家論から引きだされる思想のみによって植民地政策が推進されたわけではないが、アジア、アフリカ、オセアニア、南北アメリカに住んでいた者からすれば、ひどい理屈でしかない。そして、欧米列強の帝国主義、植民地支配が世界を覆っていったのは、列強以外の国々に多大な負の遺産を残していった。

テレビ番組で中南米の都市の建造物が欧風であり、その歴史的価値を肯定的に描きだす、そういう場面をよくみかける。たとえばペルーの首都リマは、一六～一七世紀にかけて、スペインの植民地政策の中心地であった。インカ帝国を創りあげた先住民を掠奪、虐殺し、ついにその土地を征服し、インカ帝国の神殿のうえに、コロニアル様式と呼ばれるキリスト教の教会を多く建設したのである。現在、この地域は世界遺産となっている。テレビや旅行ガイドでは、現在の建造物とコロニアル様式の建造物とを組みあわせた町並みの美しさが強調される。そこには植民地政策の被害者であるという負の遺産を背負いながら、現在はスペイン風の文化を自らの文化と融合させ、独自の文化を築きあげているかれらの誇りをみてとれる。しかし、この美しい町並みの裏側には、血の歴史や人々の苦闘の歴史、さらにかれら民族の誇りがあることを忘れてはならない。

ところで、極東の日本はどうだったのだろうか。日本はこの主権国家論から帰結される国家のありようをどの国々よりも素早く理解したといえる。主権国家は主権を確立しているがゆえに他国から征

参考文献

明石欽司『ウェストファリア条約：その実像と神話』慶應義塾大学出版会、2009

ウェーバー・M（世良晃志郎訳）『支配の社会学Ⅱ』創文社、1962

小室直樹『日本人のための憲法原論』集英社インターナショナル、2006

中島岳志『「リベラル保守」宣言』新潮社、2013

福田歓一『近代の政治思想――その現実的・理論的前提――』岩波書店、1970

服されず、場合によっては他国を植民地とすることができることを十二分に理解していた。少なくとも主権国家となっていない国々に対して有利に、あるいは指導的な立場に立てることになる。したがって、まずは植民地にならないこと、これが第一課題であった。

明治維新に前後して、日本は欧米列強と接触するなかで、いち早くウェストファリア体制によって、歴史的に位置づけられた主権国家になるべく動きだし、そして欧米列強以外の国々のなかで最初に成功したのである。日本が植民地にならないこと、あるいはその一部でも占有されてはならないこと、これらを念頭において、明治政府は天皇を中心とする立憲君主国へと日本を変貌させる。このような変革を実際に行った国はなかったのであり、欧米列強がもつ国家観を理解し、近代的な主権国家に仕立てあげたとして、多くの論者から評価されている。と同時に、日本もまた欧米列強が行ってきた植民地政策を取り入れたことを忘れてはならない。実際、アイヌ収奪や琉球処分、そして台湾、朝鮮、中国へと勢力を拡大し、欧米と同様の帝国主義を進めたのであるから。

四章　民主主義と社会契約

民主主義とは、政治に人々が参加することであり、参加する成員が対等な資格をもち、意思決定がなされることである。各成員は自らの良心に従い、自由に意思決定を行い、ほかの者と平等な立場に立つ。そうすると、人々が参加していなければ、民主主義ではないということになる。

投票率の低さや政治への無関心が指摘されるが、近代においては、これまでも繰り返してきたことだが、人間が自覚的に社会を構築していくのであり、民主主義とは、理論的には成員みんなで社会を創りあげていくことである。ここで自覚的に社会を構築することをイメージし、それを人々が共有できないとすれば、近代の行き詰まりか、新たなステージに突入したことになる。

絶対主義の時代においては、主権者である君主が多くの人々を拘束してしまうような事柄を一方的に決定しており、政治に人々が参加することは基本的にはなかった。ゆえに民主主義ではないのは当たり前のことである。そこには大きな変革が必要だった。政治の革命と、その革命を支える思想の革命とが歩調をあわせて進まなければならなかったのだ。

ウェストファリア体制を敷いたヨーロッパ世界において、この体制構築の原因がそもそもは宗教であったことはすでに論じてきた。近代における民主主義もまたその出自を振り返れば、宗教がもとである。カソリックとプロテスタントはお互いの信仰を認めあうことになったが、海を隔てたイギリスでは、絶対主義体制下において、国教制度が確立し、国家が正統な宗教を決めていた。そのため、国教ではない宗教を信仰する者、かれら清教徒(ピューリタン)は、国教制度への反対意志を抱えることになる。この意志は、権力による信仰および思想の独占状態を打ち破る要求となる。

ここで生みだされたのが信仰の自由であり、そこから思想の自由、内面の自由へと広がっていく。つまり、自由とはなにをしてもいいという状態を指すわけではなく、歴史的なプロセスのなかで要求されるものだったのである。そして、信仰の自由こそ、自由の具体的な最初の現われであった。自由が発見されたといっていい。自由とは、国家が制限してはならないとの原理原則をあわせもつ。ゆえに、国家が国民の内面に侵入してくることがあってはならない、それが民主主義の第一歩であり、原理原則である。政治権力は人間の心のなかに及んではいけないのである。と同時に、のちにくわしく説明することになるが(五章)、プロテスタント、特にカルヴィニズムが平等を用意する。この新しい信仰では、神の前にすべての人間は平等である。王様も民衆も神の目からみれば、なんらちがいなどはない。

したがって教会のなかでは、すべての人間は、牧師も含めて平等でなければならない。そこで、教会運営もまた人々の意見をもとに、適当な人物を決めることになる。そこでは民主的な手続き、あるいは意思決定のプロセスが重要視されるのである。ここに民主主義における自由と平等が最初の形として用意された。ここに人間がもっている権利などは、神の目からみれば、みな同じでしかないのだから、万人に適応される。基本的人権が発明されたわけである。

そして、民主主義をより具体的な制度へと導いたのが清教徒革命であり、名誉革命であり、さらにはフランス革命である。あえて簡潔に位置づけるなら、西欧における民主主義とは土地を所有し、政治的支配を行ってきた貴族たちに対して、新興の都市商人を中心とした民衆が権利を要求して起こしたものである。

これら市民革命とは、一六世紀以降に成立した絶対王政を、新興の市民階級勢力が打倒した運動である。主権が国王から市民、あるいは民衆へと移動する歴史的動きであり、これを民主化という。絶対主義が作りだした主権という概念は、国民が担うものへと変化した。民衆は自分たちの要求を掲げ、市民となり、それを達成することで国民となる。どのような社会的主体性であっても、その基底には民衆の姿がある。

それにしても、主権が国王にあるというのはわかりやすい。具体的な国王という人物が特定できるからである。しかし、抽象的存在でしかない国民に主権があるという国民主権は、その意味が不明瞭でもある。そもそも主権は国王の専制の根拠ですらあった。

絶対主義と啓蒙主義とでは相反する思想のようではあるが、この主権という概念がもつ絶対性がふたつの主義をつなげる根拠になる。ホッブスの社会契約説こそ、主権の移動を正当化できる理論であった。市民革命は、主権が国王から市民へと移り、主権のもつ力が、市民を国民ともしたのである。

人間の欲求は伝統主義の社会では身分的に制限されるものであった。農奴には農奴の生きかたが決まっていることから、それら生活全般は領主とはちがって、農奴には節倹が要求される。自明なことであり、農奴自身も疑問にもつ者はいなかった。ここには身分による秩序が成立していた。

ところが、ホッブスは人間の身分的なちがいを理論上無視して、すべての人間をその自然状態にまで遡って位置づけていく。かれのいう自然状態はいわば原始時代のような状態であり、社会的統制をとりはずした存在である。自然としての人間は社会的な存在ではなく、ただ個人として存在する。社会的拘束がないという意味で自由であり、純粋に個人であるから平等である。

原初となる義務は自己保存である。なぜなら神から与えられた生命ゆえである。よって、他者に対しては権利となる。一個人となった人間は、自身の生命の維持を原理とする動物のような状態である。ゆえに自己保存のための手段は制御できないことになる。

ホッブスはこの欲求を自然権と名づけ、すべての人間に認めるべき権利であると主張した。身分制社会にあっては、その身分に従って特権があったのだが、近代では身分とは無関係に、人間であれば、すべてが生まれながらにして獲得している権利という概念がここに生みだされたのである。これが近代の基本的人権の原型である。生まれながらに獲得しているのであるから、理念上、現在だけではなく、過去も未来にも適用されるのであり、したがって、過去に基本的人権を損なっていれば、過去だからといって許されるわけではない。そのような普遍的価値である。

そうすると、資源が有限であれば、人々はそれらをめぐって相争うことになる。なぜなら、資源獲得に失敗すれば、自己保存に失敗するからである。自然状態において、人々は「万人の万人に対する闘争」「人間は人間に対して狼である」ことを必然とせざるをえない。仮にこの「闘争」を否定するとすれば、理論としては、自己保存を否定すること、すなわち人間存在の否定になってしまう。

自然権を位置づけると、「各人がかれ自身の自然、つまり生命を維持するために、かれの欲するままに自己の力を用いる各人の自由」である。ここから導かれる自己保存権は、自己の生命を維持するために他人の生命を奪う権利さえもつ。よって現代でも、正当防衛や先制攻撃を受けた場合の攻撃は自然権として認められることになる。

このような理論に導かれた自然状態では、自分のものと他人のものの区別を設けることは困難であり、その結果、継続的な恐怖が常態化する。このような恐怖を忌避する、あるいはとりのぞくのが社会契約になる。

もちろん、ホッブスのこの理論には問題がある。なぜなら、人間の自然状態、社会的な統制のない自由で平等な状態とはそもそもフィクションだからだ。現実には人間は原始的な状況であっても、個人として生きるのではなく、必ず共同性のなかに存在したはずである。そうだとしても、ホッブスの自然状態には意義はある。それは理念型としての可能性である。この理念型から導きだされた理論が、現実理解に十分耐えうるものであればいいだろう。

ここでホッブスが暮らしていた当時のイギリスの状況をみておこう。そこには「万人の万人に対する闘争」をイメージさせる状況があったのだ。

英国は三〇年戦争に巻きこまれなかった国であったが、内乱が繰り返された。英国は一二一五年にマグナ・カルタ（Magna Carta）を制定し、国王の権限を制限した。つまり、貴族によって構成される議会の同意なしになにごとも決定しえないという宣言がなされた。よく知られるとおり、マグナ・カルタは最初の憲法といわれる。このような議会重視は英国の伝統であり、誇りであった。

ところが、一七世紀初頭、ジェームズ一世は大権によって新課税をしようとするなど、貴族や議会に集まった市民の声を軽視した。これは英国伝統に背くことであったが、かれは政治慣行の重要さに気づかなかった。また、王権神授説を唱えるなど、これまた国王といえども、法の支配を重視しなければならないコモン・ロー（common law）を掲げる議会とは相容れない姿勢であった。結局議会は反発、新課税案は撤廃、ジェームズ一世も認めざるをえなかった。さらに反国王派は国王から官吏任命権や軍事権さえ奪うべきとの主張で、議会は分裂、内乱状態となる。

つぎのチャールズ一世もまた市民や議会に耳を貸すことなく、莫大な資金を自由に使っていた。特に華美や贅沢を嫌悪する信仰深いプロテスタントは国王に反発。かれら厳格なプロテスタントを清教徒（ピューリタン）というが、急進派の指導者オリバー・クロムウェル（一四八五―一五四〇）を中心として、長い戦いがはじまる。かれは国王チャールズ一世を捕まえ、軍事法廷に引きずりだし、死刑とした。これが清教徒革命（一六四二年）である。英国の秩序としては、国王に対して、その臣下にすぎない者が処刑の命令を下すということ自体、それまでの歴史からは信じられないことであった。その意味で革命であった。

この時代、英国はアメリカを植民地とし、インドには大規模な商業基地を建設、強力な艦隊を有して、貿易で莫大な利益をあげる強大な国家に成長していた。ちょうどこのような強力な国力を誇る時代に革命は進行した。この革命の過程において、そこで闘う者たちは忠誠心や正義の名のもとに行動しているとは言いながら、そのじつ、自らの功名心や欲望に振り回され、悪行の限りを尽くしていた。ホッブスはこの革命に到る経緯をつぶさに観察していた。つまり、「万人の万人による闘争」を。

自然状態は、文明に毒されていない無垢の人間をイメージするようなものではなく、キリスト教的な神の意志の反映としての調和をもつものでもなかった。もっぱら各人はそれぞれ敵にすぎないのだが、革命の最中の人々もまた同じような有様であった。

各人はだれからも束縛されず、社会がないのであるから、社会からも束縛されない。この意味で、自由に欲望をかなえようとする。と同時に、欲望を満たす能力には大差がないといった意味で、平等であった。この平等はもちろん民主主義の価値理念の中心のはずだが、自然状態の人間は、どのような理由があろうとも自己保存権を手放すことがないので、人間はだれでも人を殺しうるという意味で平等、殺されうるという意味で平等というものである。ホッブスは弱い者でも企みや共謀によって強い者を殺す力を有すると、自然状態の平等を説明さえしている。

ここに社会契約が要請されるのである。

この愚かしい、孤独な自然状態の人間は、自由にして平等であって、闘争状態に常にある。しかしながら、かれは自らの死を当然恐れることになる。そこに人間知性の最初の意味が発見される。そもそも自己保存こそが原初的な人間の欲望でもある。そこで、死を回避しようとする。このような知性があるなら、相互に同意して、万人の万人による闘争状態を回避することができるはずである。実際に人間は社会状態にあるとき、闘争状態では通常ない。自然権を手放し、自らの欲望のために他者を殺すことをやめる。

では、手放された自然権の行方はどうなるのか。この自然権をひとつにまとめ、それを主権とみなすのである。主権の根拠とは、神から与えられた自然権にあったわけである。これまでなら国王がこの主権をもっていると考えればよい。理論上は主権をだれがもってもいいということにさえなるだろう。なぜなら、だれが主権をもっても、各人は自由にして平等な存在として大差ないからである。

ここで重要なのは合意である。この合意こそ社会契約なのである。

万人の闘争を治めるには、ルールを決めて、みんながそれに従うしかない。ちょうどウェストファリア条約が締結された事情に似ている。三〇年戦争では傭兵が村々を荒らし、貧困、飢餓、伝染病を蔓延させ、おぞましい時代となってしまい、ヨーロッパ世界全体の混乱が治まりそうもなかった。この極限状態になって、戦争終結を当時のヨーロッパは選ばざるをえなかった。

同じように、あくまで理論ではあるが、ホッブスの社会契約説は自然状態での闘争がもつ弱肉強食の悲劇を前にして、その悲劇を回避する方法である。平和を望むなら、社会契約を結んで、進んで自らの自然権を手放し、つまりは人を殺す権利を手放し、それを自ら選び、約束したのだから守らなければならない。このときの平和観もまたウェストファリア体制の平和観となんと似ていることだろうか。ここで自然状態から社会状態へと場面転換する。

ウェストファリア条約では、どこまでいっても他国・他宗教への敵意は失われていなかった。同じように、社会契約説でも、約束したといっても、だれが破ってしまうかわからない。そのような不信が残っている。そこで、国家に権力を集中させ、罰則を与える権限をもたせることによって、この不信にもふたをしてしまう。国家とは主権の代行者であるので、非常に強い権限をもつことになる。

ホッブスの思想では、ここで合意が成立すれば、専制であろうが、民主制であろうが、どちらでもかまわないとみなせる。しかし、歴史的経過をみれば、その後続く市民革命の理論に大きな影響を与えた。実際、現代社会においても、この社会契約説こそが、民主的な国家のありようを正当化する理論的基盤として位置づけられている。

そもそもホッブスの考えた孤立した人間が、自らが欲するままに自らの力をふるい、あるいはそのため人を殺《あや》めることを当然とするという自然状態には大いに疑問がある。しかしながら、われわれは自覚的に社会契約説を採用している。なぜなら多くの国の憲法には、主権の存立を説明するために社会契約説が反映されているからである。

社会契約説、憲法、民主主義はあくまで人為的制度である。中世のように自覚されない伝統主義ではない。それゆえ、フィクションの性格を有してしまう。擬制にすぎない。人為的であるからこそ、人間の自然な感情と折りあいがつかないこともあり、そもそも絶対的な正しい基準が宿っているわけでもない。

そこで、ぼくたちの方が意識的に手をかけてやる必要がある。ぼくたちはよりよい社会を創ろうと自覚している。この近代的意識は、制度の外に立って、制度を観察しようとする。よって制度には民衆の意志が反映されており、制度は民主的なものになっていく。少なくとも、このような循環が成立する。ゆえに、現制度の問題があらわになれば、あるいは社会の変化により、制度上の不備が生じれば、それらを観察し、制度が変化することも当然である。

それゆえ、民主主義の基本理念、正当な手続き方法がつねに問われ、議論となる。この議論をいつでも行わな

ければ、そもそも民主主義は壊れてしまう。それは国会や学者たち、あるいはジャーナリズムにおいて、いつでも自覚されるべき重要な主題である。

しかしながら、現在の日本ではどうであろうか。民主主義国家であることを当然の事実として受け流していることはないだろうか。第二次世界大戦の敗北後、アメリカから民主主義を与えられたのであり、自ら獲得していないなどと文句を言うより、民主主義とはなにかをつねに問い続けることこそ、先にすべきことである。そうでなければ、民主主義は実際に死んでしまうのだから。

ホッブスの社会契約説から理論的に導かれ、いまや主権の存在は市民の方に移行し、市民が選ぶ代表者に主権の行使が担われた。分割されることのない一元的で不可侵な主権は、人々が契約したことをもって価値づけられている。この人々とその代表者、つまり国家や政府との間に主権が常に循環している。ここに近代的な政治制度たる民主主義の正当性が担保される、そういう仕組みができあがったわけである。

それでも大いなる危機の可能性が残ってしまう。なぜなら、国家の方が本来の主権者である国民に牙をむく可能性が残るからである。さらに主権の本来の性格からして、その力は強大であり（リヴァイアサン）、それに比べて、一人ひとりの国民の力はあまりに脆弱である。そこで大きな知恵が必要になる。それが憲法である。

この事情を理解するためには、憲法がなんであるのか、近代民主主義のエッセンスがなんであるのかを押さえておく必要がある。民主主義のエッセンスを最もよく表しているのは、アメリカ独立宣言（一七七六年）であろう。その最も有名な箇所は以下である。

われわれは、自明の真理として、すべての人は平等に造られ、造物主によって、一定の奪いがたい天賦の権利を付与され、そのなかに生命、自由および幸福の追求の権利が含まれていることを信じる。

この宣言はホッブスの思想を引き継ぎ、乗り越えようとしたジョン・ロック（一六三二―一七〇四）から最も影響を受けたものである。ホッブスとロックの思想の最も大きなちがいは、前者が資源を有限と考えたことに対して、後者は人間の労働によって資源が増えると考えたことにある（ロックの労働観については次章で論じる）。有限であるがゆえに万人闘争状態であったわけだから、ロックの自然状態は万人闘争ではない平和にある。

社会契約説では、ホッブスであれば、危機の回避にすぎない選択ならざる選択であったが、ロックでは自由で平等な人間たちが協同するのに対等な約束をするだけである。社会や国家が存在する必要はもともとないが、経済活動が活発になり、社会が大きく複雑になることで不都合が生じて人々が契約をして創ったものが国家にすぎない。いわゆる夜警国家である。ゆえに、国家権力とは、ロックからすれば、人民の合意と契約によって作られた、人民のために存在するものとなる。

引用したアメリカ独立宣言の一部は、国家が人民の生命、自由、幸福の追求を人権として確認し、奪ってはいけないと確認させるものである。ちなみに「幸福」とは、具体的には私有財産を指している。私有財産の肯定は資本主義に見事に適合しており、新しい近代国家であるアメリカらしい。

さらにこの引用は日本においては、日本国憲法一三条として示されている。憲法とは、国民の生命、自由、財産の保護、つまりはこれらこそが基本的人権であるが、これらを守ることを最大の目的とする。

憲法とはぼくたちの基本的人権を守るよう、国家権力へのぼくたちからの命令である。立憲主義とは、憲法による国家権力の制限である。面白いことに、ぼくたちが命令する側にあるのだから、原則的には国民は憲法を守ることができない。実際には国民の義務もあるので、それらは守らなければならないが、ぼくたちは守ることさえできないのが憲法の際立った性格なのである。立憲主義というと、法律のなかで一番の基本となり、その重要な法律を憲法とでも思っているところがある。そうした理解では不十分どころか、憲法の性格を見失ってしまうのだ。法律は国家権力から人々に、あるいは一部の人々に、さらには法人への命令であるが、憲法は命令のベクトルが逆向きなのである。

ホッブスの視点を導入しても、憲法が国家権力を制限するとの考えかたは必然である。なぜなら国家権力はリヴァイアサンと化す可能性を秘めているからである。国家権力が国民の意志と無関係に動きだしたら、国民に勝ち目はない。ここで国民の意志とは基本的人権を守ることであるが、国家権力の方には軍隊も警察も備わっている。これらに抵抗するには、一般の人々には容易ではないのはわかりやすい。よって、近代においては、権力は縛っておかなければ危険であるという思想が組みこまれている。

このような位置づけが、近代社会の前提条件である。それゆえ、一般国民に「国を愛しましょう」「家族を大切にしましょう」「友だちと仲よくしましょう」などと口当たりのいいことが主張されたとしても、国家権力が言うべきことではないことは確認しておこう。いろいろな事情があって、家族や友人を大切にできないということもあるだろう。そのような個別の事情に対して想像力を働かせれば、国家が国民に安易に要求するようなことではないのは自明である。

これら道徳的言説は国家が命令した瞬間、ぼくたちの心のなかをコントロールしてしまう可能性を高める。基本的人権を損ないかねない。そもそも自由は内心の自由からはじまったのは先に論じたとおりである。「両親を大切に」「友だちと仲よく」はぼくたちの心の問題、内心である。親に言われるのならなんということではないが、近代国家が主権者に向かって言うべきことではない。

憲法に書いている以上、国民の基本的人権を守ること、生命と自由、幸福の追求は、ほかのどのような要請よりも上位にある揺るぎない価値なのである。もちろん、国家と国民との関係においてである。司法、行政、立法、それらに従事する公務員はこの価値に最大の尊重をしなければならない。

付け加えておけば、国家権力が基本的人権を侵害すれば、政権を取りかえればいいし、裁判で争えばいい。さらに裁判自体が国家権力の専制において行われ人民を不当な状況に曝しているのなら、人民は立ちあがってもいいのである。なぜなら国家のそもそもの主権は人民の方に存していたからである。このとき、人民は暴力を使ってでも権力を打倒してもいいことになる。これが抵抗権、革命権である。

ホッブスであれば、自然権としての自己保存権までは国家権力に渡すことはない。この考えからすれば、国家の処罰を受けること――その最大の処罰は死刑だが――から、逃亡したり、抵抗したりすることは認められる。ロックであれば、人民の社会契約で自覚的に創られた国家が、社会契約を破っているなら、すなわち打倒してもいい。ここにも社会契約が生きている。契約は守られねばならない。ユダヤ・キリスト教の神との契約における契約概念が西洋世界を支配しているからである。

このようにして、主権国家という近代的な国家の形式が作られ、社会契約によって形式に魂が込められた。これが近代社会の国家や政治であり、民主主義の第一の姿である。ところで、社会契約はフィクションであると先に説明してきたが、じつは現実に社会契約によって創られた国家がある。アメリカ合衆国である。簡単に触れておこう。

英国から四一家族一〇二名の清教徒たちが新天地を求め、アメリカ大陸に渡った。自らの信仰を実践できる場所を求めたのである。かれらは英国王からの特許状を携えて、ヴァージニアに入植する予定であったが、トラブル続きで目的地に行くのを諦めた。かれらは英国のプリマス港を出発しており、到着したのはアメリカ大陸の別の場所であったが、そこに植民地プリマスを建設することとなった。

しかしながら大きな問題があった。到着した地では、英国王の特許状は無効となるからである。実際にかれらは諍《いさか》いのただなかにあった。あたかもホッブスの万人の万人による闘争のような状

参考文献

大木英夫『ピューリタン』中央公論社、1968

小室直樹『日本人のための憲法原論』集英社インターナショナル、2006

高木八尺・末延三次・宮沢俊義編『人権宣言集』岩波書店、1957

橋爪大三郎『民主主義は最高の政治制度である』現代書館、1992

福田歓一『近代の政治思想――その現実的・理論的前提――』岩波書店、1970

ホッブス・T（永田洋訳）『リヴァイアサン』岩波書店、1992

態である。そこでかれらは新天地に移住するメイフラワー号の船上で、なんの権威もないなかで、かれらの共同の秩序と安全をかれら自身で約束するメイフラワー協約を結んだ。

実際にかれらはこの協約に一人ひとり署名するのである。混乱のなか、本当に秩序を設けるべく、参加する全員が従うべき規則を作りあげた。かれらの協約はまさに社会契約である。この協約を結ぶ権威はなんであったろう。それは神から与えられた自然権であった。かれらの自然権を統括したところに存在した主権であった。

かれらはピルグリム・ファザーズ（巡礼始祖）といわれ、アメリカ精神の原型とみなされる。一七七六年がアメリカ独立宣言ではあるが、ピルグリム・ファザーズはアメリカ建国以前のアメリカ精神はじまりの物語である。ときは一六二〇年一一月一一日。

多くの国、民族は神話のようなフィクションがそのはじまりである。ところが、アメリカ合衆国は事実としてはじまりが確定できる。プリマスは「アメリカの故郷」といわれ、アメリカ人なら一度は訪れたい町になっている。フィクション（理論）が、真に現実になったわけである。

五章　資本主義の精神と労働価値説

国家の形式が主権国家に、政治の形式が民主主義になった。それぞれ近代化の一側面である。では、経済はどうであろうか。

経済とは、市場を媒介とした人間と人間との関係である。市場とは等価物を交換する場所であり、これも人間と人間との関係である。経済は普遍的現象であっても、人間が生きる世界をすべて覆い尽くしていたわけではなかったが、資本主義では市場が人間を覆い尽くすほど拡大する。

資本主義社会においては、人間もまた労働市場に組みこまれている。つまり、ぼくたちもまた自らの労働力を市場で売り、賃金を得なければならない。かつての村落共同体であれば、生まれてきたら、職業は自動的に決まってしまった。もちろん世襲だからである。また、都市が発達し、市場から生活物資の調達をするため、市場での交換の規模も大きくなった。その状態では自給自足したり、一部余剰を都市で売ったりする程度でしか市場との関わりをもたなかった農村の方が人口規模は大きかった。

そもそも、近代資本主義が生みだされた理由は、漠然とつぎのようにイメージされているのではないだろうか。機械が発達し、さまざまな産業が立ちあがり、経済活動が盛んになれば、当然のように資本主義になると。そうではない、近代資本主義が成立するためにはどうしても労働が宗教的行為となる必要があった。プロテスタンティズムが必要であった。これはのちに詳述する。

産業化を簡単に定義することは難しいが、人間と自然や環境との関係を仲立ちしていた道具が、機械へと変化したとの視角から捉えることができる。道具から機械への変化を明確に観察可能な出来事がある。産業革命である。ちなみに道具を使った手工業を分業と協業によって工業生産する体制が工場制手工業（マニファクチュア）である。産業革命により機械制大工業へと変化したわけである。

道具は人間の手によって扱われ、あるいは身体によって動かし、人間の役に立つ。使っているときには、つねに人間が直接道具に触れ、操作する。道具と一体になれば、道具はそのまま身体の延長になる。このとき、マニュファクチュアがうまく機能する。

しかし、機械はちがう。同じように人間の手や頭脳によって作られるが、人間から一定の独立性を有している。一旦機械が作動すれば、人間が関与しなくとも、自動的に動き続ける。ゆえに、人間とは離れた機械論的世界の自律性が存在してしまう。そこでは機械が勝手に動き、人間の制御を超え、人間に危害を及ぼすという機械への否定的評価も作りだされる。もちろん反対のイメージもある。機械によって、人生が快適かつ便利になり、未来がユートピアとなるというイメージである。機械はいずれにしても人間が作りだしたものである。道具はどこか伝統主義の世界のように、人間の生活に埋めこまれているが、機械はちがう。機械によって自覚的に人間の生活は作りかえられる。

産業革命はこのような機械の性格がより広く社会に、あるいは経済に取り入れられた歴史的出来事であった。人間は機械を作るという視点と同様、人間を観察し、生活を観察し、広く世界を観察する。この方法は科学的であり、いまや人間と自然の間に機械が存在することが当然となっていき、古い世界からの離脱がある（二章）。

さらに、機械論的世界観は自然を改変すること、支配することへと進む。人間精神は自然を支配しようと欲する。自然の理性的、合理的な観察は、ルネサンス期のガリレオ・ガリレイ（一五六四―一六四二）が先取りしていたが、ここに来て、全面的に開花する。自然の合理的観察は現象を理解するだけではなく、その理解からみつけだした法則を利用することにつながる。その法則を外部化、機械化したものがテクノロジーである。テクノロジーには不可避的に自然の支配が組みこまれてしまう。

自然の合理的観察は、エネルギーを発見し、人間のために利用することを思いつかせる。自然力を人間のために働かせるのである。それは一大変革である。なぜなら、自然が人間に従属するからである。産業革命はエネルギー革命としてはじまった。人間は自然が有するエネルギーを機械で利用して、人間生活のためのエネルギーに変換してみせた。最初は蒸気機関である。一七〇〇年頃から蒸気機関は実験され、英国でワットが一七六九年に特許を取る。当初は鉱山でポンプとして使われていたが、人間を乗せるものに技術革新される。つまり、蒸気船や蒸気機関車である。また、工場で機械を動かす動力として実用化された。蒸気機関は特殊な目的のための発明ではなく、工業の一般的動因となる点で、それまでの道具や道具機とは一線を画していた。

自然の力を人間の労働力の代わりにする技術革新も生みだされた。紡績機である。ぼくたちが生活するために必要な衣類が人間の手ではなく、当たり前だけど意識するために強調するが、機械によって作られるということだ。

産業革命は人々の間にすさまじい変化を要求した。中世においては、手工業者が同業組合を作り、モノを作り、それらを人々は享受する。かれらがモノを作るには熟練した知識と技術が必要であった。

そこに機械が現れたのである。熟練工なしには成立しなかった世界が変わるのである。機械を所有する者、すなわち資本家が知識も技術もない労働者を雇えば事足りることになる。機械が職人を不要にし、新たに労働者を要求するのであった。職を失った者は労働者として雇用される。それまでの職人としての誇り高い生活と引き換えにである。もちろん、囲いこみで土地を追われた貧農が近代的な労働者になっていったという経緯もあった。機械は改良される。それは労働者の一部を不要とする。なかには工場に押しかけ、機械を打ち壊す者たちが現れた（ラッダイト運動）が、政府の取り締まりの対象となってしまう。機械が社会に、産業に組みこまれることが問題含みであることは、産業革命の当初から明らかであった。この資本家優位、労働者劣位という社会構造には批判の目が向けられる。労働者の地位改善、あるいは社会主義の台頭はこの社会構造の矛盾からみいだされた社会意識の表現でもあった。

テクノロジーは合理的に考えられた図柄をもとにして、忍耐強く試行錯誤しながら現実化されていく。科学者は同時に発明家として現れた。かれらは実験を繰り返す。実験というのは、つまり経験であり、経験の積み重ねこそが、自然が有している理論の人間による理解へと導く。

この理解はテクノロジーとして外部化され、外部化されたテクノロジーが現実に作動すれば、第二の自然としての機械論的世界が実現していくことになる。それは自然の征服をついに人間がなしとげたと自惚れを起こしたにちがいない。テクノロジーは人間が制作したものであるが、人間の意志とは無関係にさえ動くことができる。ここにテクノロジーが第二の自然となる発端がみえる。それまで人間は与えられた世界を生きていたわけだが、ついに人間が世界を創りだすのである。

人間から独立した自然という図柄を作っておいて、この独立した世界を人工物のように見立て、さらに組み立て、処理するというのは、これまでとはまったくちがう世界観に根ざしている。先の発明家はさらにテクノロジーを革新し、新たなテクノロジーを作り続けるだろう。かれは単に発明家というだけではない。かれこそが企業家であり、資本主義に寄与し、経済成長の原動力になる。新しい生産物を作りだし、新たな需要を創出する。技術革新こそが経済を先導する力となる。イノベーションこそ資本主義の原動力となる。

そして、自然と人間と、さらに機械とのこれらの関係はウェーバーのいう合理化から接近できる。ウェーバーは近代化の実質的意味として合理化を位置づけており、進歩という観念と結びつきやすい考えでもあった。合理化は科学や人間の思考によって、自覚的に世界を理解することであって、近代ヨーロッパにおける普遍的な妥当性をもった文化現象である。合理化とは、世界を呪術的な力によってではなく、科学と合理的な思考によって説明していく歴史的過程を指す。

合理化の意味は最適度の意味適合性とされるが、それは計測性、可測性、可算性によって構築される。わかりやすく言い換えれば、物事を理性的に把握し、首尾一貫した論理で説明することである。合理化は人々の態度一般に現れるが、それが顕著に現れるのが科学である。その科学をテクノロジーとして外部化し、応用したのが産業革命であり、産業化であった。

とすれば、それ以前はそうではなかったということである。中世を思いだしてもらいたい。伝統や宗教に覆われている時代においては、伝統に従っていればよかったことは再三指摘してきたとおりである。かれらは合理的に物事を把握するのではなく、因習的に認められてきた見方を繰り返したのであった。しかし、合理化は人々をこの伝統主義から解き放った。ウェーバーはこの人類史的変化を魔術の園からの解放、脱呪術化という。いまや神秘的で非合理的な世界把握は後退し、世界を人間自らが観測し、それを計量化し、明確な結論を導きだし、なおかつ未来を予測するのである。ウェーバーはこの人類史的変化を、伝統主義のもやもやした一切のものが取り払われ、明確な意味の理解できる世界が訪れると指摘した。これが最適度の意味適合性である。

ただ宗教を退けただけではない。呪術と宗教は明確に区別される。理念的にという留保をつけたうえではあるが、呪術という神秘的で非合理な力に頼る人間は過去の遺物となる。と同時に、非合理な存在である神を中心として合理的な教義体系を作りだした宗教こそ、合理化の推進力であった。そこにプロテスタンティズムがあったからである。

近代化は宗教、特にプロテスタンティズムによって推進されたのであり、合理化という近代の文化面は、その端緒に宗教の強力な力が必要であった。特に救いの手段としての呪術の力は排除される。この場合、呪術としての具体的対象は教会が執り行う秘蹟である。つまりカソリックのなかでは、呪術や魔術が信仰の対象として大きなウェイトを占めていたのだ。悪魔払い（エクソシスト）を思いだしてもらえば十分であるが、人々がカソリック教会に通った大きな理由のひとつは魔除けであった。

人々は自然現象を観察するように、社会現象や人間関係、あるいは集団の経営を観察するようになる。かつての伝統や呪術で世界を理解するのではなく、たとえば、組織における官僚制、緻密な論理構成をもつ近代的な法体系、複式簿記を特徴とする緻密な計算からの企業経営や資本主義、もちろん科学技術を含めて、合理化から生みだされた方法によって理解する。これら生活領域すべてが、意味適合性という価値意識と目標に従って合理化が進められることになった。

この方法は産業化の原動力にもなったので、合理化はさらに推進されていく。というより、経済の合理化は、人々の合理的な生活態度を土台とする。人間はいまや自然を合理的に理解し、その自然をモデルとして機械を作りだす。この科学的、合理的な世界理解を自らのものにしていく。ここには伝統主義や呪術的な世界理解は失われている。このような脱呪術化、合理化こそが資本主義の精神を生みだす基底となる。

また近代以前の人々は労働を悪いこと、苦しいことと考えていたのである。プロテスタンティズムによって、人々は労働することを肯定し、さらに労働することに駆り立てられるようになる。しかし、労働への否定的感情は本来のキリスト教からは導かれない感情にすぎない。キリスト教を世界的に普及させた最初の人物パウロは祈りと労働をこそ重視する教義を説いている。それは修道院という行動的禁欲の世界のなかでこそ要求される規範になった。よって、キリスト教徒にとって、祈りと労働は最上級の義務である。それまで労働を苦しく思っていた者も、プロテスタントに改宗すれば、労働は神の御心にかなう行為に一変する。

行動的禁欲とは、つまり神の福音を人々に知らしめることのみに専念し、それ以外の行動のために使う時間や意欲を不要とすることであるが、この禁欲によって蓄えられたエネルギーは修道院の大きな生産力として実を結び、経済的に完全に自律していた。しかしながら、民衆にはほとんど関係のないことにすぎない。

ここで確認しておきたいのは、修道院の行動的禁欲とともにある労働とは、救済のための宗教的儀式であったということである。労働とは宗教的献身であった。プロテスタンティズムはこの宗教的儀式を修道院から解き放ったのである。資本主義の担い手は、都市貴族である資本主義的企業家であるより、向上を目指す産業的な中産階級であった。かれらは先祖伝来の財産は乏しかったが、零細企業から成功した成りあがりが多かった。

先に述べたように、当時の一般民衆はキリスト教に呪術的効果を求めていたし、じつはケルトやゲルマンなどの土着の宗教となないまぜになってもいた。宗教改革はそのような民衆の信仰にまで大きな改革をもたらす。プロテスタンティズム、特にカルヴィニズムはキリスト教の原点回帰であった。

ジャン・カルヴァン（一五〇九―一五六四）はキリスト教の教義として予定説を強調する。予定説とは、あらかじめ救済される者は神がすでに決めているという教義である。キリスト教における救済とは、イエスが再臨するとき、永遠の命を授けられること、天国が訪れることである。天国が訪れるのはこの地上であって、天のどこかということではない。最後の審判とは天国行きの者を決定するときであり、地に還っていた者は甦り、永遠の命を授けられる。

しかし、永遠の命を授けられる者は神の御心にかなった者だけであって、そうでない者は永遠に救われず滅亡する。これは神の恩寵であって、人間が存在するはるか以前から決められており、人間のどのような行為も神の恩寵に影響を与えたり、予定を変えることはできないのである。どうして人間の行為が神に影響を与えることができないかというと、人間から影響を与えられる存在程度を神とは呼べないからである。ここには人間の行為が影響を与えるという因果律が否定されている。

キリスト教を信仰する人間にとって、自分が神から選ばれていること以上にこの世に重要な問題はない。救いの確信が欲しいが、得られない。予定説は人々を不安のなかに投げこむ。信仰が強ければ強いほど、不安のなか、狂人のような心境になるにちがいない。

しかし、ここに因果律らしき論理が混入する。人間が神に影響を与えるわけではないとしても、神に選ばれたことの証しがあるように思われる。人間は神の栄光の道具である。よって、現世の職業もまた神の御心である。職業は神から与えられた天職であり、職業に専心することは神の道具としての倫理に適っている。この考えを召命説という。

このような労働の位置づけは、労働によって得られたものはそのまま価値であり、倫理の現れとみなすような意識を胚胎させている。したがって、営利活動は肯定され、営利欲は倫理的価値をもつとみなされる。

しかしながら、それでもなお労働倫理以上の価値を予定説は抱えている。どれだけ労働したところで、神の御心に適い、天国行きが約束されたことを人間は知る由もない。しかし、労働とそこから生みだされる営利は肯定的価値をもつとみなされるので、人間はより労働に向かう。予定説の不安をつねに抱えていながら、労働するときは神の御心に適っているか、つねに神にみられているのだと心に抱く。かれは、つねに神からみられていても大丈夫な神の道具であらねばならない。

修道院と同様、俗世においても、労働することがすなわち修行である。これが行動的禁欲である。禁欲は労働以外の活動自体を否定する規範となる。こうなると、人間は気が狂ったように働かざるをえない。どんなに金持

ちになっても働かざるをえないのである。そもそも近代以前、金は生活を支えられれば、それ以上は不要とみなされたものであった。

こうした現世内での合理的な生活態度を実践した象徴的人物として、ベンジャミン・フランクリン（一七〇六―一七九〇）がいる。アメリカ合衆国建国の父の一人といわれ、アメリカ精神の体現者と評される。ちなみに一〇〇ドル紙幣の肖像画はかれである。

かれが力説したのは、まさにプロテスタンティズムの精神であり、勤勉、質素、周到、信用などであり、行動的禁欲であった。そこで強調されるのは営利である。なぜ営利が肯定的価値をもつとみなされるかといえば、他人が求める商品やサービスを提供することは隣人愛の実践と考えられたからである。その隣人愛の実践を量的に測定することができるのが貨幣ということになる。

プロテスタンティズムの呪術否定は偶像崇拝の禁止へとつながり、贅沢や豪華なものを拒否する生活倫理として具体的な行動となるし、当然禁欲でもあった。歴史のプロセスのなかに偶像崇拝の禁止を位置づけると、すなわち、呪術的な世界の否定となる。

死に際する宗教的儀礼でさえも、被造物神化であるといって拒否する者までいた。これは呪術的な力によってみいだされる魔術でしかなく、人間の執り行う儀礼が救済になるかといえば、純粋なピューリタンにとって疑問が生じるからであった。これは極端な例ではあるが、なぜなら救済は神の力であって、予定説によるからである。葬儀が人々にもたらす効果は魔術的な力であり、ゆえに葬儀は偶像だと考えたわけだ。

こうして宗教改革は、これまで権威をもっていたものを脱意味化してしまう。神の前でのすべての人間の平等という信仰は、現世での価値のヒエラルキーを否定する。葬儀を取りしきる祭司が存在すること自体既存のヒエラルキーでしかない。これは反権威主義へとつながる。極端な例でいえば、目上のものに対して帽子を取ったり、頭を下げることとさえ否定してしまう。

偶像崇拝の禁止の徹底は、感覚文化の拒否にもつながる。かれらは日常生活での楽しみを極力排除した。この世の楽しみとなる音楽でさえ、被造物による、人の心をたぶらかすものと考える。さらに、カソリックが生みだした文化に典型な、装飾の施された豪華絢爛な美術や工芸もまた偶像の一種、つまり呪術が生みだす魔術的な力が備わっているとみなした。ゆえに、魔術を生みだす力を備えているあらゆるモノを遠ざけたのである。

その結果、日常生活は徹底的に効率的に、機能的に構成されたものとなり、合理化される。こうやって、魔術の園であった日常生活を合理化していくのであった。

ただひとつ、近代社会を構成する魔術が作られた。貨幣である。人々の日常生活における決定的部分は資本のみであり、それ以外のものに呪縛されなくなるのである。プロテスタンティズムの倫理に従い、労働のみに専心する。その成果は貨幣として現れる。それでも救済は保証されない。よって、さらに労働に専心する。と同時に、禁欲であり偶像と呪術を遠ざけるので、質素倹約となる。これでは、お金を使うことがないので貯まるしかない。これが資本の原型となる。

神の前に自己を証明しようとした証明不可能な試みが、証明不可能であるという部分を脱落させ自律運動していく。倫理的実践が営利活動を支えていたわけだが、証明不可能であるという信仰上の不安を媒介として、営利活動が倫理的実践の目的となっていく。呪術の効果に対して心理的期待をするエートス（行動様式、価値意識）は、プロテスタンティズムを媒介として、労働それ自体が救済となり合理化された世界を自覚的に創りだすエートスへと変貌した。要するに、目的が利潤の最大化となる。ゆえに先祖代々つないできた商売を守る必要もない。そもそも先祖代々など魔術的力である。こうして、理念型としてというカッコつきではあるが、ぼくたちが知っている近代的な資本主義は育っていった。

そこで労働の肯定という観点からは、どうしても採りあげておきたい思想がある。ロックの労働価値説である。かれの思想こそ、所有の絶対不可侵を位置づけ、資本主義における財産の正当化根拠を労働としたからである。

ロックもまたホッブス同様、社会を捨象して、人間の自然状態を取りだす。ロックの人間はまず自然状態において、完全な自由をもち、人間はすべて平等であり、ほかのだれからも制約をうけることのない存在であるとする。さらに重要視するのは、人間が身体を所有していることである。この身体の所有こそ、社会的存在である前に個人としての存在が、人間の根源的事実とする理論を用意する。

自然としての人間の本能は自己保存である。よって、食べることは自己保存の基礎になる。食べることは自然との原的な関係であり、自らの身体を使って自然からなにがしかを得ることこそが労働である。つまり、自然と人間、あるいは身体との関係が労働であり、労働こそ人間の根源である。木にリンゴがなっていて、そのリンゴを自らの手で採れば、すなわち労働とするのである。自然状態において労働は発生したのであり、自然からなにがしかを得れば、この人の所有であり、これもまた自然状態に根ざす根源的事実であるから、所有は自然権なのである。

ロックの自然状態はホッブスのそれとはちがう。その鍵が労働である。ホッブスの場合は自己保存のために万人の万人による闘争となってしまう。それは自然資源が有限であるため、相争わざるをえない場面が生じるからだ。ところがロックの場合、労働によって人間は資源を増やせると考える。いやそれどころか、人間の労働力は資源を、富を無限に増やすことができる。そのため、争いは無用である。ロックの自然状態は、よって平和状態であり、人間とは生産活動をする存在である。

労働価値説とは、労働を行えば自然が与えるだけではない富が増えるので、労働自体が人間の根源的価値であるということである。したがって、労働しないものは富をもたないのであり、怠け者にすぎなくなる。

労働は富の増加をもたらす。確かに農業について振り返るだけでも、生産物を自然に任せるのではなく、人間が自然に介入し、生産量を拡大することができる。では、増加した資源はだれに属するのだろうか。当然、資源を増加させた労働をした者に属することになるだろう。そして、その事実を根源的に支えるのは、ぼくたちが身体を所有しており、その身体こそが労働したからである。人間の精神、あるいは主体は身体の主人であり、身体を所有している。その身体が自然と関係する、つまり労働する。労働は生産物を作りだす。よって生産物は富として、身体の主人、つまり人間の所有になる。すごくシンプルな理屈である。

ロックのイメージする人間は、生産活動する人間であるから、資源の総量を増やすことができる。ここから私有財産が発生する。資本主義の自由競争の基盤である私有財産が正当化される。なぜなら私有財産は自然権に導かれたからである。ここでひとつの帰結がみいだせる。資本主義を成立ならしめる根本的な条件のひとつは所有権の絶対化であるが、このような考えからすると、資本主義は人間の自然であるという帰結になる。所有に関しては、社会に負う部分はなにもないからだ。付け加えると、資本主義は自由の行使として、可処分権が含まれる。

資本主義が成立する以前に所有権の絶対性があったわけではない。たとえば、親が子どもに領地を譲ったとしても、子どもにその価値がないとなれば、親は領地を取りもどすことができた。また近代以前のヨーロッパであれば、現代の見方からすれば、だれが真の土地所有者か判然としないところが多かった。だれか領民が土地を所有したとして、全面的な支配をすることができたわけではなかった。領主や貴族、あるいは共同体が土地の使用、収益に大きな影響を与えることができた。日本においても明治以前は、山や原っぱは入会地《いりあい》として、その村落全体で所有し、管理していた。あくまでも近代社会になって資本主義が成立したから所有権が明確になったのであり、一七八九年のフランス人権宣言では、所有権を神聖不可侵と規定した。

さて、ここで労働の肯定が再度確認されたと思う。そもそも近代以前、労働は忌みきらわれるものであって、理想とされる生きかたは貴族のように、物質的豊かさを享受しつつ、文芸に勤しむのが善き生きかたであった。かれらはその分、社会に対して責任をもっていた。これをノブレス・オブリージュという。高貴な者、真に教養ある者は社会的弱者に対して責任をもつという考えであるが、前にも触れたが、そもそも西洋の貴族は特権をもつ代わりに、道徳として、危機が迫ったときには真っ先に闘わねばならなかった。平時においても、王族、貴族は公共事業を率先して行い、民衆への義務を果たしたのである。このような具体的な社会的貢献が実際にあるかないかは別にして、自らにあえて多くの課題を課し、そのことを公言しない姿勢をもつことである。

貴族的な生きかたができない者は、自らの労働力を売る以外に生きる方法はない。よって、賃労働をするわけだが、賃労働は奴隷の生業と揶揄される位置づけでしかなかった。人間の生産労働は賤しいもので、真っ当な人間がすべきことではなかった。

ところが、ロックの労働価値説はこのような近代以前の労働観を根本から転換している。なぜなら、身体の所有という点でいえば、王様も民衆も同じであるからだ。このスタート地点で、自然状態で平等でさえある。そのため、労働することは肯定的意味を有することになったのである。生産労働することこそが人間である証しにまで高められる。そもそも労働が富を生みだすことを発見したのは、ロックがはじめてであった。

付け加えておきたいことが二点ある。ひとつめは、このように労働が価値づけられると、労働力は人格から一旦切り離されてしまう。ここに精神と身体という二分法が成立し、身体を所有するのは精神になる。よって、人格である人間、および精神が所有するのが財産になり、体も資本になる。ここから、労働力も使用、収益、処分(解雇)の対象になってしまう。

ふたつめは、かつて価値が土地に収斂していた世界が変わったという事実である。なぜなら土地に固執しなくても、商売やモノによって利潤を獲得すればいいからである。

資本主義社会は産業社会である。農業以上に工業が重要な社会である。では、労働力を工業に使用することは、将来に富を増加させることを保証するだろうか。自然災害がなければ、農業が富を生むのは当然であり、自覚されることさえなかったろう。そもそも過去の経験を踏襲することが主となり、ほぼ保証されていた。

工業の場合は様相が変化する。富の増加は未来を予測するという点で、想像力の問題である。目にみえない結果を予測して、労働力を投下しなければならない。労働力を合理的に投下するには、ある程度の計画性が要求されるが、工業では機械を使って、製品を作らなければならない。しかし、その新製品が利益を生みだすのかどうかもわからない。だれかが新しい会社を設立するとして、その行く末もよくわからないのである。

しかしながら、資本主義社会では未来の不確かな富を期待して、人々は行動をする。それでいながら、人々は目的合理的な行動様式をとり、この不明な未来へ投資することが当たり前のものとなる。

そこでロックである。ロックはそんなことを心配しない。なぜなら、人間が自然に働きかける生産労働は富を作ることを必然とするからである。人間が理性的な判断から行動すれば必ず地上の富は増え続ける、この考えこそロックの信念であった。結果、富は無限の増殖をする、そういう考えをもたらす。

ここでロックは理性が富の増加を生みだすとしているが、「すべての感覚のうちになかったものは、ひとつとして知性のなかには存在しない」として、感性の重要性を強調してもいる。そのうえで、感性的人間の論理的自律を理性として位置づけている。この自律をもたらすことこそ労働である。直接、感性からは導かれない想像力や予測、そこからの合理的な観察や計測、計画性は労働から導きだされる。それゆえに、科学者が行う観察・実験・開発は労働である。

そこから導かれるのは、人々の日常的実践のうちに感性

参考文献

今村仁司『近代の労働観』岩波書店、1998

ウェーバー・M（大塚久雄訳）『プロテスタンティズムの倫理と資本主義の精神』岩波書店、1989

大塚久雄『社会科学の方法――ヴェーバーとマルクス』岩波書店、1966

小室直樹『日本人のための憲法原論』集英社インターナショナル、2006

福田歓一『近代の政治思想――その現実的・理論的前提――』岩波書店、1970

ロック・J（鵜飼信成訳）『市民政府論』岩波書店、1968

が発揮され、人間の欲求自体が肯定され、欲求が解放されることである。それまでの思想であれば、感性および欲求の解放は無秩序を生みだすが、ロックにおいては、感性と理性との間を媒介する労働こそ、世界を自覚的に創りだす力であり、よって感性の解放は労働によって秩序を生みだす。

ロックはリベラリズムを明確に導きだした人物でもある。また功利主義を導きだしてもいる。功利主義とは人間を支配するのは快楽と苦痛であり、快楽の総量をあげることが善いことであり、幸福であるという考えである。ロックが感性的人間を肯定していることから、功利主義が導かれるのはわかりやすい。

これらの思想は資本主義と親和的であるが、最大の資本主義国家アメリカ合衆国とはロック思想の最大の体現国家である。ロックの問題こそ、アメリカの資本主義の問題でもある。ロック思想に対して問題点が指摘される。そもそも身体は所有される対象なのかという問題である。また、自然状態における平等は事実と反する。なぜなら生まれた時点で社会的に規定されるので、個人は社会的に有利か不利か決められてしまう。生まれたとき、すでに手持ちの資本が異なってしまう。この身体の所有と不平等の問題に対してどのように考えるべきかが問われることになる。

六章　都市とナショナリズム

産業革命を経て資本主義が発達すると、かつてマニュファクチュアで成長した中産階級層は減少し、資本家と大量の労働者に二分される。工業製品は機械化により価格を下げ、商工業の繁栄を生みだし、植民地政策を含む外国市場が拡大する。

工業の拡大には、資本の集中が必要であるが、それは同時に労働者を集中させる必要もあった。村落に工場が建てられ、人口が集中する。そこに賃金獲得を目指して労働者が参入する。かれらは当然のことであるが、そこで暮らすことになる。そのために生活必需品が必要となり、それらを供給する商人や職人も集まり生活し、人口は拡大する。

ここに小都市が生みだされるが、鉄道や運河、街道が造られる。これらインフラは物資の輸送だけではなく、労働者の移動をしやすくする。資本家にとっては、広い地域からの労働者の雇用を可能にもする。都市規模の拡大は利益増大を生みだすため、小都市は大都市へと変化していく。ここに近代的な都市が成立した。

農村より都市への人口移動が頻繁となり、都市と農村はつながりをかつてより強くする。以前は自給自足で閉ざされた農村は資本の論理によって開かれ、都市に従属しはじめる。なぜなら近代の産業都市は農村から賃労働者を組みこんでいき、生産した商品は農村にも供給されるからである。農村もまた市場となり、ここから都市と農村の不均等な関係がはじまる。中世の都市は城壁で囲まれ、農村とは異なる共同体であったが、産業化は都市と農村の関係性を密にした。

このようなプロセスから、都市は自らを拡大していく。かつて農村が人口の大部分を抱えていたが、近代都市は人々を都市に移動させ、人口においても、農村を凌駕していく。都市とは空間の合理化である。ちなみに現在の日本において、都市に住む人々の割合（都市人口率）は九〇％を超える。

なおかつ資本の論理に従い、都市は農村を従属させ、農村自体が都市的な生活をするようになる。人々は近代になって、都市に住まわなくとも、都市的になっていく。ここに、かつて伝統主義に生きてきた人々は都市だけではなく、農村においても、新たな生きかたを強いられるようになる。政治、経済、文化だけではなく、資本にとっての効率性という点で、空間性もまた近代化する。

都市の根本は住居が密集しており、大規模である点にある。この定義ならざる定義は古代都市においても成立するのであり、近代都市を位置づけられるわけではない。産業化が生みだした都市という視角には、そこに人間社会の問題が新たに生じるという批判があった。かつての集落の規模であれば、人々は顔見知りであったが、近代都市では、その規模から顔見知りになれないので、見知らぬ人とコミュニケーションしなければならない。

そのため、都市化はコミュニティ（共同体）を解体し、インパーソナルな関係が多いため、人々を孤立させるのではないかという危機感をもたらす。相手がどんな人間かわからないまま接しなければならないので、かつての共同体での関係性とは異質であるし、新たな人間関係が生じる。特に工業や商業による営利活動が支配的になれば、大都市では没人間性を前提とした人間関係になっていく。なぜなら、目の前にいる人物がどのような人格であるかではなく、たとえば職業のような外面的な役割を前提として、コミュニケーションをはからねばならないからである。

確かに都市のなかにもパーソナルな関係、顔見知りは当然いる。都会人の生活が特別異常でもないし、都市なりのコミュニティもある。家族や親戚関係がなくなったわけでもない。都市では非行や犯罪が多いと指摘されもするが、都市化を原因とするのには飛躍がある。貧困や教育、地域の流動性に目を向けた方が建設的だろう。また、社会や集団はかつてないほど分化し、人々はそれぞれ異質となり、農民であれば農民であり続けるといった固定性は失われた。賃労働者になるからだ。貨幣経済が発達するに伴って、金銭を中心として計算された世界に適合していく。合理化が進む社会において、都市は人間の生きかたが変化する劇場のようなものとして現れたのである。

都市的人間関係の特質を、最初に真正面から論じたのはゲオルグ・ジンメル（一八五八—一九一八）である。かれは論文「大都市と精神生活」において、都市生活の特徴を浮き彫りにした。

産業化に伴い、常に生活の変化が起きる。その結果、ジンメルによれば、大都市の生活は過剰な神経的刺激にさらされる。この新しい社会状況に対処するため、人々は自己防衛のため、知性を発達させることになる。よって、人々は表層的には知性によって対処しようとする。感情的に共感するという共同性が後退するわけだ。他人に対しては無関心で控えめな態度をとり、歓楽に飽きた態度をとるという。他人に対して距離を保ちつつ、貨幣経済の発達がこのような精神生活を助長する。なぜなら、他人との関係は商品を媒介とする関係になるため、他人の人格に触れる必要が減っていくからである。

これはカール・マルクス（一八一八—一八八三）の疎外という考えと重なる。つまり、直接的なつながりをもつ共同性において他者との関係があるのではなく、近代社会の人間関係はその媒介物たるモノにおいて表現されるのである。その最大のモノが貨幣である。他者との関係は親しいといった人間の内的な感情からではなく、等価交換であるかといった抽象的法則に支配される。普遍化された市場におけるモノとモノとの関係が人間関係を覆うのである。いまや他者はよそよそしい存在となる。

結局のところ、かつての伝統的、ゲマインシャフト的な共同性から人々を引き離し、個人主義を助長する。それは同時に、個人は他人との共通性よりも異質性を意識し、自らの個人性を内面において発達させる。よって、都市の精神生活はこのような個人主義への反応として構築される。

近代以前の社会において、個人はその所属集団や伝統に組みこまれ、融合していた。よって、個人は自らを個人として意識することもなく、人々の相互の連帯に制約されていた。と同時に、例外はあるにしても、相互扶助を当然として守られていた。人々が他人を規定するとき、人を個人としてではなく、社会成員として認めればよかった。

近代化、および産業化はこのような人間理解を変容させた。人々は自覚的にどこかの集団や団体に所属し、あるいは団体を結成する。職場、労働組合、ＰＴＡ、地域の仲間集団、趣味の集まりなどに。この集団のなかで自らの力を発揮しなければ、自らの連帯は確保しがたい。そこで個性を発揮し、他人からの承認を相互的に得るわけだ。

個人はただひとつだけの集団に所属するだけではない。かつてなら村落共同体ひとつに所属していればよかったが、競争を伴う複雑な社会では、各種の集団が共存し、個人はそのいくつかの集団に重層的に関係し、所属することになる。新しい集団が生じれば、さらにその集団とも関係を結ぶ必要が生じる。

人々の接触は社会圏の交錯を引き起こすことになる。交錯というのは、個人が集団と接触することである。人は成長するに従い、いくつもの集団と接触し、その都度、新たな人々と連帯を作っていく。これは伝統社会では不要なことであった。伝統社会とは異なり、大抵は一時的な関係となる。それゆえに、活動の範囲が広がれば新たな交錯が引き起こされ、それだけ個性が発達する。多くの集団との関係や所属は個性発達の条件となる。こうして社会は有機体のように分化と統合を繰り返す。

分化は同質性の強い者同士の結合を解体し、異質な者との新たな結合を建設する。新たな結合もまた、ときとともに同質性を強めることになるので解体に向かう。この解体と結合が繰り返されるのが近代社会であり、その空間として都市がある。また、個性とはそれ自体で存在するのではなく、他者や集団との関係から導かれるわけである。

多集団との交錯は自由の増大ともなる。集団の規模が大きくなること、個人が関係し、あるいは所属集団数が増加すると、個人はひとつの集団への依存が小さくなり、集団は個人に対しての要求が少なくなる。このようにある特定集団の外で生きていく可能性を大きくするので、自由になるとジンメルは考える。

ジンメルはこのように社会の分化が個人という意識を作り、より自由となり、個々人がその個性を発揮して、自発的に集団を作っていくことを評価した。その意味で、個人の自立性が成立する社会的基盤を問い、都市にその可能性をみたのだ。近代化、都市化によって、関係性を構築する土台が変化した。そこには独立した個人が自らの力で、自覚をもって、自らの運命を切り拓いていく、近代的な主体の可能性を理想とする見方が流れこんでいた。

同様に、エミール・デュルケム（一八五八―一九一七）も自由な諸個人がもつ可能性を評価した。近代への移行は人々を機械的連帯から有機的連帯へと変容させるとして、前者が類似に基づく共同体、後者が異質性による自由な諸個人の連帯であるとみなした。機械的連帯では共同体の意志がすなわち個人の意志であることから、個人という意識自体が希薄である。しかしながら、分業はジンメル同様、人々の異質性を促進し、共同体がもつ拘束性、抑圧性から解き放つ。

近代以前の村落共同体では、人々はみな同じような生計を営むし、同じような価値観で生きていた。ここで分業という変化に焦点を当てると、同じ地域に暮らしていても、近代ではそれぞれが異なる仕事をしながら生計を立てることになる。特に都市ではそれが顕著である。そうすると、人々の生活のありかたや価値観は異なるものとなっていく。それぞれが職業という形で社会に貢献し、さまざまな集団がそれぞれの役割を果たす社会に変化する。あたかも諸個人も諸集団も全体社会を有機的に結びつけるように、社会が成立する。このときの人々の連帯のありようを有機的連帯という。個人の自らの役割を果たせば、他人を考慮することなしにでも、社会全体がうまく機能していく。アダム・スミス（一七二三―一七九〇）の神のみえざる手のように、産業化が進展し、分業の進歩があり、その空間としての都市が発達すると、個性を発揮し、自由な個人は自立する。とすれば、社会秩序は脅かされないはずである。

ところが、それでもなお、都市という新しい空間で生きる人間はなにがしかの危惧を抱いてしまう。合理化された社会への不安である。実際、デュルケムは近代的個人、自らを律し、自立して生きる強い個人をあくまで理想とし、可能性として描いているようにもみえるのだ。

ちなみにデュルケムは前契約的連帯という概念を提示しており、連帯における深い感情について述べている。深い感情は意識されているわけではないが、この感情がなければ、契約さえ成立しがたいという。

合理化された社会を前提にすれば、契約をすること自体は形式的に成立する。かれの社会での役割にすぎないからである。しかしながら、これだけでは契約が履行されるかどうか判断することはできない。なぜなら、異質な者同士では、契約をした者が契約を守るかどうかを判断することができないからである。

そこで必要になるのが、前契約的連帯である。約束が守られるとの信頼の感情こそが契約をする際になければならない。このような信頼を人々の社会的地位や業績によって導きだそうとしても、裏切られる可能性は残る。

この可能性を乗り越えてしまう人々の連帯がなければならないのだが、それは合理的な判断によっては成立しえない。そうすると、実際にぼくたちが契約するのは非合理な行為であり、そこに合理性を超えた深い感情が存在していなければならない。この深い感情を保持していることこそ、ゲマインデ（共同体）の存在の証しでもある。歴史の流れのなかで、機械的連帯のなかにゲマインデは存在したのであり、有機的連帯においてもゲマインデが存在しているかどうかが問われる。

デュルケムの診断では、一九世紀後半の西欧社会には有機的連帯はまだ成立していない。未来への期待である。ゆえに、近代的個人も人間の理想像でしかない。そこでかれがみいだすのは、アノミー（anomie）の問題である。アノミーこそゲマインデの成立にかかわる問題である。

アノミーとは無秩序状態とか無規制状態などと呼ばれるが、人々を律する社会規範が効かない状態を意味する。前契約的連帯における信頼の感情が存在しがたい状況であるが、このような状況において、人間は安心することができるはずもない。デュルケムは自殺の研究から、社会にとって最も重要なのは人々に連帯（ソリダリテ）があることと指摘する。この連帯には非合理的な深い感情が存在している。

連帯を失った人間は、健全にみえる者でさえも、その実、非社会的行為を行う。自殺もまた非社会的行為である。たとえば、日本が不況になり、仕事を失ったため自殺者が増えたとの説明がよくなされる。表面的な因果関係としては成立しているが、アノミー理論からみれば、ちがう様相となる。

簡略化するが、アノミー理論からすれば、日本での失業は連帯を失うので、自殺する者が増加すると考えられる。とすれば、日本人の連帯が仕事にのみ偏重していること、ほかの社会関係での連帯が脆弱であることこそが問題である。実際に失業率が日本以上の国は多いが、自殺率が低い国の方が多い。とすれば、これらの国々では、仕事以外の家族、親戚、友人、地域社会などが連帯の母体として機能していると想定できる。人間関係の底に連帯が存在しているのである。

では、デュルケムは一九世紀後半、なにがアノミーの原因と考えていたのだろうか。それは産業化や都市化などの社会変動こそアノミーを生みだし、多くの人々から生きる指針を見失わせていたと考えていた。特に資本主義の発展を含めた近代化こそ、急激な社会変動を常とする時代であり、近代社会はアノミーの時代となるとさえ考えていた。それゆえ、有機的連帯に期待したともいえる。

特に資本主義の発展、分業が人々の生活を支配するにおよび、人間関係が外面的関係、つまり人格抜きの職業における役割にのみ人々を置き去りにしてしまうことこそ問題とみなしていた。その結果、経済的な関係が道徳生活を浸食し、人間関係を損得のみで判断する功利主義的個人主義が蔓延する。この問題への解決こそが有機的連帯でもあった。

資本主義の発展がもたらす問題、アノミーは個人における欲望の無規制の問題になる。そもそも物質的豊かさが人々の幸福とみなされるようになったのは、フランス革命以降である。共同体のなかで、人々は欲求を相互的に制限するような規範とともに生きていた。都市的な価値規範はそれを失効させる。欲求を制限する力が弱くなり、欲求は解放される。都市のなかで生きる個人は、市民革命による平等意識の広がりから、貴族的な豊かさへの志向をもつようになる。ここにきて、欲求は欲望へと質的転換をきたすのである。

産業化は人々の生活を充足させてしまえば、つぎにより美しいもの、より豪華なものといった感情に訴える観念的な装いを求める。あのプロテスタンティズムの偶像崇拝の禁止から導きだされた価値からはほど遠くなっていく。呪術的な魔力が新しい形式で作りだされる。つまり、物質的豊かさである。ここで欲望の追求に奔走する人間が生みだされ、利己的な人間が生みだされる。これは功利主義的個人主義としてデュルケムが批判した価値意識である。

資本主義は産業をこそ最重要な世界として、宗教や道徳、あるいは政治権力の規制を外してしまった。よって、個人や社会にとって至上の目的は産業の発展であり、経済生活である。人々は物質的幸福を神格化し、欲望を解放していく。そうすると、欲望の高まりは自身が手にしているモノと不均衡になってしまう。また、欲望は外的刺激によって構成されるので、自らの内発的な意味から切り離され、自らを律して、個性をもち生きる個人という近代的な理想像ともかけ離れてしまう。

この状態は経済から導きだされたアノミーである。自らの欲望をかなえることを至上の価値とすることは、他者や共同体からの離脱であるから、そもそも連帯からかけ離れる。自らの欲望をかなえ、他者や共同体についての関わりが最小限であるからこそ利己的であるし、個人化が進む。しかしながら、その表側には自己向上や欲望充足を進歩とし、欲望充足の手段を向上させることを社会の発展とする規範が存在している。その意味で、近代社会とはアノミーを常とする社会となる。

近代化はその価値として自由と平等を核としてきた。産業化や科学の発展は進歩を核としてきたし、近代都市の発展もまたこれらの価値と関わっている。先のコントの三段階の法則、本書では触れてはいないが、ハーバード・スペンサー（一八二〇―一九〇三）の社会進化論、マルクスの史的唯物論なども進歩史観である。さらにテンニースやジンメルにも同様の見方ができるし、デュルケムの機械的連帯から有機的連帯への流れもまた、歴史における必然的な流れのようにみえる。

しかしながら、デュルケムは有機的連帯が未だ条件が整っていない状態であるとみなしているし、アノミーにみられる社会の矛盾も指摘している。欲望の拡大や個人化から帰結される連帯が成立しない社会は共同性をなきものとするかもしれない。人々が共同体的な人間関係の絆を失えば、個人は原子化（孤立化）する。つまり、孤立する。それは個人が居場所を失ったということだ。確かに経済的豊かさは進歩という近代化の価値と一体化しているが、同時に繁栄とはじつは危機であるとの帰結さえ生む。ここに近代に対する評価の分裂が起きてしまい、その前でぼくたちは逡巡してしまう。そもそも人間とは、他者の存在なしには成立しえない共同的存在ではなかったか。ここに、他者が存在する意味が後退し、社会がもつ共同性自体が危機に陥る可能性が示唆されている。ゲマインデはもう過去のものなのか？　それとも人間の本質であろうか？

このような人々の連帯、共同性の危機を問題視する視角は、同時に一人ひとりの人間が何者であるのかという問いへとつながる。近代化は都市化でもあるから、自身がなにに所属しているのかという問題に自ら答えていかなければならない。その事情は、これまで述べてきたとおりだ。人々が共同体との絆や、伝統主義的な規範や、あるいは生活の糧それ自体である自然との関係の密度を薄めることになる。共同体がもつ同質性のなかに安住していた人々は、いまや産業化された社会のなかで、個人としてみいだされた。かれらには自らのアイデンティティをみいだしていく必要が生じる。

ちょうど先鋭的な意識をもつデュルケムにアノミーが発見されたころと重なりつつ、人々の連帯それ自体であるとは位置づけしがたいが、人々を結びつけるような観念が生みだされる。ナショナリズムである。

この社会意識は主権国家の成立と深く関わっているし、人々が生まれながらの共同体から引き離された結果生みだされた観念であり、その意味で、近代によって発明されたのだ。近代以前には存在しなかった感情である。帰属する集団がなければ、都合のいいバーチャルな価値として、ナショナリズムは人々に受け入れやすい。

帰属する集団があれば、その集団への絆や愛着が生じる。それは具体的に存在する集団であり、ナショナリズムと混同されることもあるが、明確にちがう感情である。たとえば、その集団が家族であれば、家族愛である。ここには、他者との共生や愛情が存在している。だが、都市化では自らが所属している集団に対して、共生の感情を抱きがたく、愛情をもちえない。そのため、本当の居場所であるという実感をもちえない。いま所属しているのは仮のことであり、ここは本当ではないという所属意識に対する反感さえ生じる。故郷消失である。どのような具体的な集団に対しても、このような感情を抱けば、つぎのような考えが生みだされる。

つまり、同じような価値観やライフスタイルを共有している人間たちが同胞であり、この同胞のなかに所属し、その一員であると、自らを位置づけるのである。その意識に好都合なのが同一民族、同一国家の一員という、ナショナリズムである。

ところで、仲のよい外国人の友人がいるとする。明確に、具体的に友愛という絆がそこにある。しかし、友人の国とぼくたちの国が敵対したとき、この友情は無効であろうか。国家の忠誠心は友愛より現実であろうか。当然具体的な人間との絆こそ、現実であろう。国家への忠誠心や愛国心は現実というよりも、じつは観念なのである。

ナショナリズムの明確な定義自体難しいが、民族や国家に対する個人の忠誠心を示す感情でありイデオロギーと考えられる。ちょうどグローバリゼーションの流れは、他国に属する人々、あるいは自らの国家の内部にいて、国家や民族の価値意識を共有しづらい、あるいは規範を軽視する者との接触が増加するため、排他的かつ不寛容な態度を作りあげる。もちろん、メディアによる接触を含めてだ。この価値意識や態度を絶対と思いこみ、原理主義的ふるまいにさえなる。また、国家こそが共同性を保ち続けてきた長い歴史や伝統をもつとの信念が生みだされる。その信念は教育やマス・メディアによっても強化される。

ベネディクト・アンダーソン（一九三六―二〇一五）はこのような国家のありようを想像の共同体と名づけた。ここで重要なのは、新聞というメディアがもつ力である。新聞もまた産業化のなかで生じた商品であり、活字の大量生産であったが、人々は遠く離れていながら、新聞を毎日のように読むのである。多くの人々が同じ文章をほとんど同じ日に読むという新しい習慣が作りだされ、共有される体験となった。「近代人は礼拝の代わりに、新聞を読む」とはゲオルク・W・F・ヘーゲル（一七七〇―一八三一）の言葉である。

この多くの人々とは読者であるだけではなく、同時に国民であった。それぞれがどんな人物か知ることもなしに同じ体験をしていると想定できるため、その類似性をみいだせば、そこに国民という集合性を発見できるわけだ。さらに毎日「礼拝」は繰り返されるのである。近代のはじまり、新聞が習慣化されていく時代の前、人々が使う言語はバラバラであった。そもそも方言を使用しているのであり、そうすると新聞が方言に対応して作りあげられれば、大変な努力が要求され、非効率的となったであろう。そこで生みだされたのが国語であり、標準語であった。つまり、言語もまた出版資本主義を背景として、効率化され、規格化されたのである。

このような作られた国語という人為的な言語は、大地に根ざした方言を後退させ、同じ国語を使用する者たちがひとつの共同性のなかで生きているとのリアリティを生む。さらに、先ほど触れたように、新聞を読むことで、同じ出来事を共有する。顔も知らない遠くの人々が共同体の一員であるというリアリティを作りあげる。このような新聞を媒介として、つまり間接的な体験にすぎないにもかかわらず、リアリティが補強され、ナショナリズムは育まれる。観念が現実のようにふるまってしまう。

そしてまた、ナショナリズムにリアリティを作りだす理由がほかにもある。個人の運命と国家の運命を切り離せないというリアリティを作るものこそ、主権国家がもつ性格であるからだ。つまり先に指摘したとおり、そもそも想像の産物であったものが、想像であるという密度を薄めていくのである。主権国家において、当然のことながら、主権は国民にある。そのため、民衆が国家のため、戦争に赴くことを当然とする価値観が生じる。ホッブスやロックの自己保存権と矛盾するが、フランス革命以降作りだされたのが国民兵というシステムである。

それ以前は、民衆にとって、戦争は他人事にすぎなかった。たとえば、イギリスとフランスが戦争しているとして

参考文献

アンダーソン・B（白石さや・白石隆訳）『増補　想像の共同体——ナショナリズムの起源と流行』ＮＴＴ出版、1997

内田樹・石川康宏『若者よ、マルクスを読もう　20歳代の模索と情熱』角川学芸出版、2013

ジンメル・G（川村二郎編訳）『ジンメル・エッセイ集』平凡社、1999

ジンメル・G（石川晃弘・鈴木春男訳）『社会的分化論——社会学的・心理学的研究』中央公論社、2011

デュルケム・E（宮島喬訳）『自殺論』中央公論社、1985

岩井弘融編『都市社会学』有斐閣、1968

渡辺京二『近代の呪い』平凡社、2013

も、イギリス人がフランスに旅行に行くこと、また、その逆も可能なことであった。国民全体を巻きこんで戦争をしていたわけではない。民衆世界は国家とは関わりをもたずとも成立する、自律した世界であった。

しかしながら、主権国家は国家の成員すべてを動員する。民衆の自律した世界が失われること、つまり民衆が市民となったからには、国政に関与するし、戦争にも参加することになる。戦争がひとつの主権国家の出来事である以上、政府だけの問題ではなく、国民の問題でもあるとの意識を作る。

また、経済的にも国家の経済とも一体化した意識が作られる。自国の経済力が弱体化すれば、総体的には国民一人ひとりの経済力の弱体化につながる。このとき、国家内の階級間の経済力のちがいが見落とされるにしても。国際社会での経済力の地位は国家間の競争の結果であるから、国民一人ひとりの経済的力にかかっているし、国民の生活水準は逆に国家の国際間の競争力に左右される。その意味で、国民一人ひとりの運命と国家の運命は切り離すことができないのである。これが主権国家を基礎とする国際関係になる。それゆえに、あくまでもアイデンティティのよりどころが脆弱であるという先に採りあげた条件が前提であるが、ナショナリズムが強化される。

かつて民衆は天下国家とは無縁な自律的世界を生きていた。幕末に起こった下関戦争（一八六四年）において、長州藩を攻める列強四国（英仏蘭米）の弾運びを民衆がしているのをみて、攘夷を掲げて戦争をしていた長州藩士はどう思ったことだろうか。福沢諭吉を中心とした明治維新の主役たちは民衆に国民の自覚がないと嘆いた。しかし、それまでナショナリズムなど微塵も存在しなかったのだ。近代に創られた国家と運命共同体であることが、民衆の幸福なのかは考えてみる価値があるように思われる。

七章　公共圏とPR

中世においては、国家が国教を定めており、国家と宗教の関係は機能分化があるにしても、緊密であった。近代に先駆けて、国教とはちがう宗教が出現したが、それらを国家は認めることになる。ここに信仰の自由が成立するが、同時に信仰の自由は国教の地位を低下させ、ついには国教自体が廃止された。

その結果、カソリックとプロテスタントどちらの宗教（派）を信仰しようとも個人の自由となり、国家と宗教は分離していく。キリスト教は分裂を繰り返し、宗教が多元化する。そもそも伝統主義の世界において、人々は生まれてきたところの宗教を信仰するだけだが、近代になると、いくつもの宗教があるため、個人が宗教を選択するものになる。さらに公的な場面から宗教的儀礼は後退していく。なぜなら、特定の宗派の儀礼は他宗派からは認めがたいからである。宗教改革がこの発端であり、宗教の場面から政治色は排除され、信仰の自由が自明となる（四章）。

産業化は労働者を中心として、人々の移動を当たり前のものとする。すると、新しい土地で盛んな宗教はかつての土地のものとは異なっている。そういう異なる宗教との出会い自体、特定宗教がもつ唯一性を希薄化する。もちろん、科学の発達、合理化の進展は宗教を弱体化させるのに十分な力をもっていた。このように、人間の生活全般にわたって強い力をもっていた宗教の力が弱体化していくことを世俗化という。

　宗教は神、聖なるもの、超越者といった世界を覆う存在を与え、人間存在の究極的な意味を呈示した。しかし、世俗化は世界を説明づける意味体系としての宗教の独占的地位を後退させる。いまでは、個人の精神的慰撫を行う程度のものとして受け取られ、その価値は下落した。結果、精神的慰撫という消費者向けの商品とさえみなされ、ときに宗教にハマっていると評価されたりもするわけだ。あるいは、癒し、セラピー、通俗的精神分析、スピリチュアルな世界への関心など、個人的趣味のようになっている。

　世界の意味なしに人間は生きにくい。そこで、宗教に代わって、人々に世界の意味を与え、諸状況を提供するために、メディア文化が発達する。ここで文化とは、とりあえずモノやことが有する価値や意味としておこう。たとえば、ぼくたちが自然と触れるとき、自然それ自体と触れるというより、そこで理解され、解釈される意味を通じて、自然と触れる。この自然に付与されている価値や意味が、自然と人間の関係からみいだされる文化である。かつては宗教が世界の意味を担っていたのであるから、宗教もまたメディアであった。この特権的メディアであった宗教が弱体化したところで、メディア文化が世界の意味を伝達する社会的仕掛けとなる。

　この現象の認識には、ことばやメディアが関与する。そこでモノやことそれ自体とは別にことばやメディアが関与して生じる現象を認識し、そこに付随する価値や意味の世界をもつことができるようになった。つまり、モノ・ことと実体の間に介在して自己増殖する意味や価値を認識、理解するのであり、それこそが文化であり、メディアである。メディアとは、実体をモノ・こととして現象化する仕掛けなのだ。

　そのために、ぼくたちは直接実体に触れることができず、意味や価値を通してモノ・ことに触れる。そしてこの介在するものが肥大化しているのが現代である。なぜなら、かつては宗教が独占していたが、現代社会では、この肥大化した領域が自立／自律しているからである。これが情報化社会の発端となる。

切手をおはりください

郵便はがき

113-0033

東京都文京区本郷3丁目22—10

㈱風塵社《ふうじんしゃ》行

ご購読ありがとうございます。お手数ですが、裏面にご記入のうえ、
切手を貼ってご投函ください。
今後の弊社出版物のために活用いたします。

読者カード

ご購入図書名

お名前　　　　男・女　　　　年生まれ

ご住所

〒　　　　TEL

ご職業
（学校・会社名）

ご購入された地区	書店
ご購読されている新聞・雑誌（いくつでも）	本書を何で知りましたか? 1　店頭で 2　友人からの推薦 3　広告・ネットで見て（　　　） 4　書評・紹介記事を見て（　　　） 5　その他（　　　）

本書のご感想、今後出版を希望されるジャンル、企画などありましたら、お願いします。

と同時に、ここで復活しているものがある。プロテスタンティズムが禁止した偶像である。魔術的な力が弱体化したのに伴って（脱呪術化）、人々は生きる世界の意味を別の場所に求めざるをえなかった。そこで、浮上してきたのがメディアであった。なぜなら、これまで繰り返してきたことだが、メディアは意味の貯蔵庫であり、近代とはメディアが拡大していく時代であったからである。メディアが供給する意味はかつてキリスト教が生みだしていたほど絶対的ではないにしても、装いを変えつつ魔術的な力をもってしまう。メディアこそが魔術的力の源泉となる。人々はメディアのなかで表現される世界に魅了される。

よって、このような文化の源泉の変化、つまり宗教の独占からメディア文化の氾濫は近代化の波のなかで生みだされた現象と考えられる。情報化論とは、これまで議論してきた民主化や産業化、あるいは主権国家体制や資本主義体制という近代化のなかでの現象である。情報技術の発展に対する期待や畏れも、近代化のなかの心理現象なのである。

ここでフランス革命の頃にもどろう。一七八九年に国民議会で人権宣言がなされ、国民の自由と平等、圧政への抵抗権、国民主権、法の支配、権力分立、私有財産の不可侵などが確認された。これまで本書でも確認してきた近代的理念に関する法における成立であった。このとき、思想として最も革命に影響力を与えたのがルソーであった。

ルソーの思想が大いに議論された場所はカフェであった。急進的な青年層は保守的な貴族層が集まるサロンには迎え入れられなかったこともあり、カフェに集った。アメリカ独立の話を新聞で知り、その事実に鼓舞され、自由主義的論調をもつ非合法のパンフレットを読みふけった。そのとき読まれていたのがルソーであり、ドゥニ・ディドロ（一七一三—一七八四）であった。

カフェは、新聞や政治的パンフレットを読み、自らの意見を述べ、大いに議論する場所であった。店のなかは常に人であふれていた。なかでは、何人かが椅子やテーブルのうえに乗って、自らの政治論を主張していた。店のそとにいても、カフェのなかに神経を集中させ、その主張に聞き入っていたのである。演説はたいてい現政府への激しい批判である。その演説に対して、人々は熱意をもって反応した。

カフェがなければ、フランス革命は起こらなかった。ただ、かれらはルソーのことばに刺激を受けつつも、実際は日頃の恨みを正当化する根拠としていただけでもあった。日頃の恨みの最大の対象は税関所であり、民衆は襲撃を行った。

さらに、一七七五年と時期は遡るが、市内のパンの価格が暴騰しており、民衆の不満は暴動となってしまう。かれらの要求は、「パンをよこせ」ということではなく、「合理的な価格で売る」ことであった。

税関所もパンの問題も、民衆の要求は不当な利益をせしめる者を許さず、公正であることにあった。ここには商品価格は自分たちで決めるという自由な経済活動の要求や、その要求を当然とする社会意識があったのだ。

一八三〇年、フランスのシャルル一〇世の議会軽視に反発して七月革命が起こったが、このときの革命は新聞による新聞のための革命であった。自由主義的な新聞が広がり、反政府キャンペーンが展開されるが、政府は出版の自由を停止する勅令をだす。これに反発したのがジャーナリストや印刷工であった。印刷工は失業を恐れ、労働者を扇動した。ジャーナリストは新聞を発行し、自由主義者のルイ・フィリップを王位に就かせ、革命を終息させる。

この革命では、新聞を読み、議会で討論を行い、それらのプロセスが公論を作りだした。ちょうど有権者数の増大が政治への関心を広げており、公論の発達を促した。その背景として、情報への欲求を充たしたのは新聞を中心とした活字メディアであったからである。そして、それはカフェで議論された。

このような公共的な議論を交わす場を、ユルゲン・ハーバーマス（一九二九―）は公共圏と名づける。公共圏の参加者はすべてが平等な人間としてみなされる。そもそも社会的地位を度外視するような社交が必要とされ、平等を志向する。そこで普遍的理性に訴え、合意形成を目指して討論がなされる。

さらにハーバーマスが指摘するのは、マス・メディアが商品とされることが特定階級を乗り越えて、民衆が広く議論する契機となることであった。新聞や書籍などのように、文化が商品になることこそが多くの人々を討論に参加させる。よって知識が閉鎖的であることを打ち破るとされ、歴史的に実在した公共圏を確認しつつ、その意義に規範性をみいだした。

一九世紀に入り、しばらくすると、フランスでは新聞に広告が増えていく。それに伴い購読料が半分程度にまで下がり、読者が増加する。政治に関する記事はフランスの民主主義と切っても切り離せない役割を果たしていたが、政治論議だけではなく、生活に関わる情報や小説の連載など読者の関心に応える多面的な紙面作りがなされていく。人々の関心は日常的な経済活動であり、自分たちの欲求の充足のための情報へと傾いていく。健康や衛生、衣食住に関わる知識や商品情報である。これらの知識・情報とは、人々の生きる意味を提供する。宗教からよりも、生活情報――それは産業化によって商品として現れているが――こそが生きる意味として提供され、人々はその享受に幸福を覚えた。

この時代、パサージュという通りには商店街が発達し、アーケードになっていた。そこにはショウ・ウィンドウがあり、モード商品が展示されていた。一八五二年になれば、世界初の百貨店ボン・マルシェが営業を開始する。新聞広告とはショウ・ウィンドウや百貨店の延長線上にある情報であり、人々は欲望を刺激されると同時に、物質的豊かさという近代的な幸福感につつまれていた。

新聞は朝食のあと、手にとり、コーヒーを飲みながら楽しむことのできる、政治、経済、小説、事件記事、生活情報などを提供するショウ・ウィンドウの役割を果たし、社会の動きを多くの人々に伝えるメディアであった。

ジャーナリズム的な言説でさえもショウ・ウィンドウのなかの展示物であった。

一八五五年、一八六二年とパリで万国博覧会が開催される。世界中の物質的豊かさを一カ所に集める最大級のショウ・ウィンドウであったが、博覧会の展示品こそが国民全体の繁栄を約束していたのである。ここに欲望の対象は世界中のモノへと拡大した。このようなモノこそ、人々の幸福を約束していた。マス・メディアの発達は同時に広報（public relations／ＰＲ）の発達を伴っていたが、忘れてはならないのは、博覧会とは産業化の成果の最大級の仕掛けをもった広告／ＰＲであり、そして、その賛美であった。

ハーバーマスのいう公共圏の成立過程とは別に、マス・メディアは民衆の欲望、物質的豊かさを幸福とするようなイメージを展示するようになっていた。

新聞は経済問題や都市衛生、社会問題を採りあげるが、民衆の関心が向かったのは、それらに対する意見だけではなかった。それ以上に、仕事や家庭で必要となる情報であった。産業の発展は人々の生活の変化を加速する。新しい商品や知識が出回るようになる。それらの商品や知識をどのように活かすかという情報が要求されたのである。新聞の客観性の出自はここにある。書かれた記事を読者が読むこと、つまり、それらは商品情報であり、その商品から生みだされている生活情報であって、あたかも観察できる事実として確認されることであった。ゆえにショウ・ウィンドウに展示される商品のような性格が、新聞記事にも要求された。新聞の客観性とは、大衆が新聞を受容するための条件であったし、社会的意味の内実は情報の伝達と確認であった。

アメリカに目を転じてみると、南北戦争（一八六一年）以降、社会構造は変化していく。商人、職人、専門職、小地主などアメリカ精神を体現した中産階級（ミドルクラス）が力を失っていく。産業資本の成長により、職人などは労働者へと変貌し、自営商人も資本家が作りだすビジネスに圧迫されていたからである。産業資本は全国規模で成長し、かれらの仕事を奪い、かれらは時代に取り残されるとの不安を抱くようになった。そもそも時代

から取り残されるとの不安は、社会の変化が常態化しているからこそ生みだされる感情であり、永遠の昨日たる中世にはありえないものだ。

この中産階級の不安は、独占や大規模な産業化に対する厳しい批判となっていく。かつて自由主義として信じられていた価値観に疑問が投げかけられた。つまり、人間を機械に変え、人間性を奪い、利益追求は冷徹な計算機となり、私的富の性質が変わってしまったと。かつてアメリカ精神の体現者としての誇りを抱えていた中産階級は、いまも勤勉な労働姿勢を保っているにもかかわらず、辛うじて貧困を隠す程度の生活に落ちぶれてしまう。この窮状の原因はルールを守らない企業の方にこそ目が向けられた。

この中産階級の代弁をしたのが進歩派のジャーナリストであった。たとえば、新興の大事業家を「共和国内に王国」を創った人間として描き、国家による規制に関心を向けるよう主張した。かつては自由主義、自由放任こそアメリカ精神としてきた論調が時代遅れとして変更されるのである。特に独占化しようとするビジネスを糾弾し、社会改革の必要性を鼓舞する記事を書いた。つまり、進歩派の記事とは

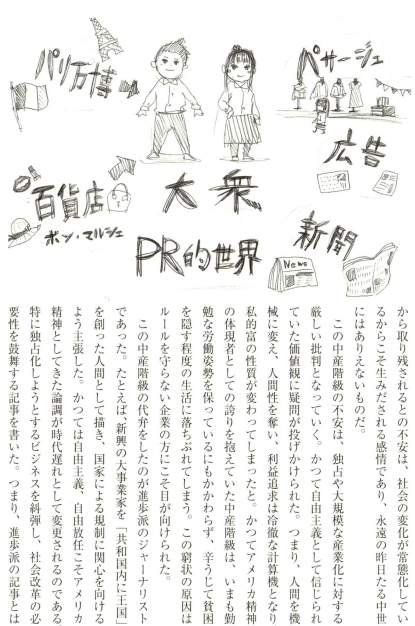

中産階級向けのＰＲでもあった。かれらの記事を読む中産階級は自らの立場の不幸を嘆いたとしても、自らに正義があることを確信する。このような記事は読者を獲得し、新聞や雑誌の発行部数を伸ばしていった。

と同時に、新聞や雑誌は活字を商品とする産業資本を形成し、大きな力をもつことになる。じつのところ、進歩派の主張はかれらの信念から生みだされているというより、中産階級の心理的欲求に即して作られた商品であったのだ。中産階級の不安とはジャーナリズムにとっては需要であったわけである。その不安の解消や、自らの立場の正当性を主張しようとする欲求を満足させる商品こそ、活字メディアであり、ジャーナリズムでもあった。病む社会のありさまを告発し、そこに激しい批判を加えることこそ、新聞や活字が産業として飛躍するために必要であったわけである。その意味で、ここにみられるジャーナリズムとはイメージ操作であり、宣伝である。かれらは公衆の声を代弁するという口当たりのよい仕事をしつつ、同時に、公衆の側に正義があり、公衆の理性によって、よき未来が訪れるというイメージを振りまいたのだった。公衆とは公共圏を作りあげる人々である。

新聞や雑誌の記事はことばを商品として、いろいろなジャンルを紙面に並べる。ジャーナリズム的な言説であっても、新聞記事であれば必ず受け手の需要を充たすために存在していたのであって、ショウ・ウィンドウに並べられた商品と同じような性格をもつものとして広がったのである。二〇世紀に入ろうとする時代、このようにマス・メディアはぼくたちの前に現れたのであった。ここには、現代のぼくたちもよく知っている暴露主義やスキャンダリズムが伴われていた。

ＰＲは人々に有益な情報を知らしめる活動という程度に現在は捉えられるが、その目的は大衆の考えを操作するところにあったのだ。当然、ＰＲにはＰＲをしようとする顧客（スポンサー）がいて、広告代理店などが媒介する。ＰＲもまた商品であるから、顧客の求めに応じて作られる。政府がＰＲするということは、政府が要求して、人々の行動や意見を方向づけようとすることだ。

これは大衆という存在に対する評価が前提となっている。ぼくたちは大衆ということばを普通に使っており、多くの人々程度の意味とみなしている。しかしながら、社会科学的には間違っている。大衆ということばには、大衆といわれる人々に対する侮蔑の感情が伴っているのだ。大衆は群衆と地続きの概念である。もちろん、いつの時代でも群衆は存在した。近代社会の群衆は労働者でありつつ、しかし、近代が唱えた価値とは反対方向の人間として発見された。

近代は啓蒙の時代である。啓蒙とは「目が開かれた」との意味であるから、暗い伝統社会とはちがう世界であることが前提となっている。啓蒙された近代的人間は、自律／自立した個人として現れ、かれの理性は世界を理想的世界へと改変することができるとの信念を抱いていた。しかし、その近代理性を有するはずの人間が非理性的存在へと成り下がってしまう。その存在こそが群衆である。ギュスターブ・ル・ボン（一八四一―一九三一）は群集の特徴を判断力や批判精神が欠けており、感情が誇張的であるとして、群衆が真に問題であるのは、だれもが群衆という量的存在になってしまうことだと位置づけている。そして、そのイメージは都市に流れてきた新参者と重なっていた。つまり賃労働者である。かれらは都市に住む洗練された者たちとはちがって、不潔で粗暴にみえたのだ。

しかし、産業化にとって群衆こそ必要な存在でもあった。なぜなら、かれらこそが労働者であり、産業の発展の土台である。ところが、近代理性は群衆をコントロールし、大量生産社会を創りだす。近代的理性は道具的理性に変質した。道具的理性とは近代的個人という世界の主体を横に置き、かれを効率的にあるいは計量的に扱おうとする。さらに、人間のこの位置づけは、翻って自らをも計量可能な量的存在とみなすのである。人間は道具的理性において交換可能な部品のようにみなされてしまう。労働者は産業化の土台でありながらも、道具的理性によってコントロールされる「全体に融解された個人」として、理性的存在としての自らを失ってしまうとみなされた。

そこで群衆の意見や行動を好ましい方向へと向かわせる群集心理学が利用される。かれらは感情的存在である。ゆえに暴力など必要とはしない。感情に心地よく訴えればいいのである。ル・ボンはその方法を「断言と反復と感染」として整理した。心地よければ、「断言と反復」されたメッセージはそもそも自らの意見として、あるいは、当たり前のものとして受け入れられていく。そういう人々がコミュニケーションを重ねていけば、「感染」して、ついには世論にまでなってしまう。「断言と反復と感染」はマス・メディアを利用すれば効率的である。そこでPRが社会に要求されたのである。つまり、マス・メディアに操作された群衆こそが大衆という意味なのだ。

産業としてのPRを発展させたのはアメリカである。そこで、「PR業の父」と呼ばれたエドワード・バーネーズ（一八九一—一九九五）の戦略を採りあげてみよう。一九二〇年代半ば、ベーコンを生産する企業からの依頼で、かれが採った戦略は現代の広告となんら変わりはない。ベーコンの売り上げをあげるためなら、ベーコンのおいしさをマス・メディアで訴えるというのが通常の戦略であろう。しかし、かれが採った戦略はつぎのようなものであった。

当時、朝食はジュース、トースト、コーヒーという軽食であったが、著名な医者の協力から、朝食でより栄養を摂るほうがいいという意見をもらう。その際、多くの医者のアンケートを活かして、かれはパンフレットを作成する。栄養価の高い朝食例として、ベーコンと卵を加えたおすすめの朝食を示したパンフレットである。この情報は医者から友人や患者に伝えられる。その噂を新聞が採りあげる。医者も新聞記者も、この一連の流れがベーコンのPRであるということに気づかずに行っていたわけだ。しかしながら、実質的な意見広告として、人々を誘導しようとの意図をもっていた。いま現在、ベーコンと卵料理の組みあわせが、ぼくたちの朝食の典型的スタイルであるのは、このようなPR効果の結果である。

この戦略では、医者という第三者の権威が使われている。いまでも同様のケースはいくらでもみられるし、有名人が利用されることも思いだされる。しかも、虚偽の影がない。いま現在もアンケートがよく利用され、人々の意見として、あるいは専門家の意見としてという客観性をもっているかのようにぼくたちに呈示されている。さらに、大衆の思考や行動習慣を変化させ、人々の習慣として定着させるという点で長期的効果がある。ちなみに芸能人がブログなどＳＮＳを利用して行っていたステマ（スティルス・マーケティング）もまた、このようなＰＲ戦略の延長線上にあるだろう。

バーネーズはこのようなＰＲ戦略を多く開発し、少数者による大衆へ影響力の大きさを振り返り、「プロパガンダは、目にみえない支配の武器」と誇らしげに語っている。もちろん、だからといって絶対的な力をもって、ぼくたちを操作し、支配できるわけではない。そのことは確認しておきたい。

どのようなＰＲであっても、それがＰＲであるというメタ・メッセージを発している。それゆえ、操作されることに違和感をもてれば、相対化できる。意見広告はすでに広告であると、その存在モードが理解されることもある。また、操作される側にとって、快適であったりなどなんらかのメリットがあるからこそ機能するのであって、それらには限度が生じる。人間には身体があるから、身体の許容量を超えることはなかなかない。そして、現代であれば、すでにＰＲおよびマス・メディアがもつ大衆操作への意図やあるいは効果は既知となっており、ゆえにぼくたちは広告リテラシーを獲得しているから、ときに嫌悪の対象とさえなりうる。

もちろん、このような大衆操作の意図を企業だけがもつわけではない。たとえば、政府である。有名な事例をあげておこう。一九一六年、米国大統領となったウィルソンは、政府主導の宣伝委員会としてクリール委員会を作り、世論誘導を行った。ヨーロッパでは第一次世界大戦の時代であったが、当時のアメリカはモンロー主義をとり、世論は平和一辺倒で、大戦への参加は考えられていなかった。

しかし、ウィルソン政権は戦争に参加したかった。メディアと財界はウィルソンを強力に支援をしていて、かれらこそがクリール委員会を組織し、参戦へと世論誘導を行ったのである。特に力となったのがジョン・デューイ（一八五九―一九五二）といった知識人であった。かれらが大衆を言葉で鼓舞したのである。ドイツの残虐行為、両腕をもぎ取られたベルギーの赤ん坊をスキャンダラスティックに採りあげるという、でっちあげさえ行った。大衆は戦争への意欲を駆り立てられるが、知識人はかれらを戦争へと駆り立てるのが役目であったのだ。

第一次世界大戦へのアメリカの参戦は、このようなPR効果から推進された。知識人は、大衆が公益については理解できない群れであると位置づけており、かれら特別な人間による合意のでっちあげで誘導しなければならないと考えていた。クリール委員会の中心であったウォルター・リップマン（一八八九―一九七四）は、大衆が観客となり、政府や知識人を応援するようにしむけることが民主主義の技法であると考えていた。マス・メディアが発達した世界の政治では、知識人の理性、大衆の感情という対立する二元的世界を前提として、前者が必要な幻想を作りだし、単純化して、感情に訴えることが必須となったとしている。じつは先ほどのバーネーズもまたクリール委員会の一員であった。かれは戦争終結後、プロパガンダという言葉がもつ印象の悪さを除こうとして、PRと言い換えた。このような言葉の言い換えもまたPRであったわけである。

公益（国益）重視は当然のように思われる。しかしながら、すでに触れたように主権国家において作りだされた概念であり、国家内のすべての人間を公益のもと、国民というひとつの属性にまとめあげ、階級や民族などさまざまな社会的属性においてみいだされる差異を無視する。結局、社会の支配層、つまるところ財界や政界に利益となるように仕向けようとの考えになる。

労働者がストを行えば、公益を損なうとみなせる。そうすると、反作用が生じる。待遇改善を含む労働者の権利が損なわれることになる。実際にモホークヴァレーの公式というスト鎮圧の手法がある。これはまさに公益を押しだす手法なのだ。一九三七年、ペンシルバニア州での大規模な鉄鋼ストでは、スト参加の労働者に対して世間の反感が集まるようなＰＲ活動を企業側が行った。そのＰＲとはスト参加者は公益に反する破壊分子であるという主張であった。アメリカ人全員が幸せに共生するには、かれらの活動を止めなければならない。そこれそがアメリカ人としてみんなが同じ利益を共有し、調和した社会が実現できる方法なのだと。結果、ストは鎮圧された。

重要なのは、すべての人間が反対しづらい空虚なメッセージを掲げることである。だれもが賛成するようなメッセージである。それによって、具体的に生きる個々の人間の現実の状況が背後に隠れてしまい、みな一体であることが当たり前のようになってしまう。鉄鋼労働者には具体的な深刻さがあるにもかかわらず、アメリカ人という国民に還元されてしまった。

このような手法は非常に効果的であり、いま現在も使われ続けている。マス・メディアを媒介とした

参考文献

大塚久雄『近代化の人間的基礎』筑摩書房、1968

竹内成明『コミュニケーション物語』人文書院、1986

チョムスキー・Ｎ（鈴木主税訳）『メディア・コントロール―正義なき民主主義と国際社会』集英社、2003

中野収『メディア人間――コミュニケーション革命の構造』勁草書房、1997

ハーバーマス・Ｊ（細谷貞雄・山田正行訳）『公共性の構造転換――市民社会の一カテゴリーについての探求』未来社、1994

ホルクハイマー・Ｍ／アドルノ・Ｔ『啓蒙の弁証法――哲学的断想』岩波書店、2007

ユーエン・Ｓ（平野秀明・挟本佳代・佐古輝人訳）『ＰＲ！――世論操作の社会史』法政大学出版会、2003

ＰＲは企業や政府から発せられるのが常である。ゆえにＰＲには、生きる意味を伝える内容が企業や政府から表現されてもいる。このようなメッセージは繰り返される。人生の価値は、マス・メディアから流れてくるメッセージのように、裕福な生活と正しきアメリカ人としての価値の実践にあるのだと。日本なら、正しき日本人ということになるだろう。反対は非国民である。

いまやマス・メディアがぼくたちの生きる世界の土台を構成しはじめた。かつて、宗教や伝統が生きる世界の意味を伝えていたが、近代では、そこにマス・メディアが座する。マス・メディアはつねにＰＲ的であり、広告的であり、ぼくたちの生きる意味の供給源となり、世界を知らしめる。ぼくたちはＰＲ的世界に生きはじめることになったのだ。

本書の論考も、ついに二〇世紀に入っていた。

八章　フォーディズムと豊かな社会

ウェーバーは人類の歴史とは合理化の過程であると述べた。かれの議論の中心は官僚制であった。合理化の組織的側面である。官僚制的組織は行政官僚のみに適応されるわけではない。企業においても採用されるし、その文化は社会全般にも広がる。そもそも科学も合理化を推進してきた原動力であった。ゆえに産業化の発展を築いた。それは自然科学だけに留まらない。人間の行動を科学的に把握しようとの試みとなった。官僚制的組織はこのような知の体系によって推進された。

また、都市化は産業化の発展にとって、人々の集まりや空間の合理化であった。都市のなかで分業が成立し、人々は分業に依存しつつ、自らは分業における役割を果たせばいいことになる。同時に、家族と経営が分離される。これもまた合理化の一側面である。近代以前の農業、職人や商人といった自営業者は家計がすなわち経済活動を表していた。かれらにとって、家計と経営は同じものであった。エコノミーの語源はギリシャ語のオイコノミアで、家政術のことであったが、語源を振り返るだけで、経済の内実が変化しているのがわかる。しかし、近代になれば、賃労働者が増加する。多くの農民は都市に向かい、労働者として雇用される。かれの経済活動は企業や工場で働くことであり、当然のことであるが、自らが経営するわけではない。家族はかれが得た賃金をもとにして家計をやりくりする。

近代化はこのような合理化を生活諸領域全般で拡大していく。前章で採りあげたPRもまた合理化であった。なぜなら、大衆の欲望をPRというマス・コミュニケーションが有する効果を利用し、効率的に方向づける方法であるからだ。労働の現場でも合理化は行われる。ここでの合理化は、リストラを指しているわけではない。そこでは科学的に労働を管理する方法が編みだされていく。その試みがアメリカの技術者かつ経営コンサルタントであったフレデリック・テイラー（一八五六―一九一五）が考案した科学的管理法である。かれが記した『科学的管理法の原理』（一九一一）が出版された時期は、ちょうどアメリカ社会の産業化が本格化してきた時代であった。

テイラーが合理化を積極的に取り入れたのは工場であった。それまで熟練工による職人的な知識と技能による生産が主であったが、合理的な分業体制として単純労働においても生産を可能にするノウハウを体系化したのである。

かれの考えかたの基礎を作ったのは時間研究と動作研究である。かれは工場の生産工程を細かく分割する。職人の頭のなかにあった工程をチャート化したわけである。そこで、正確な時間配分を考えたうえで、分割された単純作業を行う。

単純作業であれば、熟練工である必要はない。熟練工は仕事に対して誇りを抱く。つまり、かれの人格が生産に関わっていた。しかし、単純労働をこなすだけの労働者は人格を考慮する必要がない。かれらは生産工程に対して、標準的な時間を設定され、標準化された仕事量をこなすことになる。実際にストップウォッチを使って、作業の効率化に適した標準値が算定され、その結果が労働に割り当てられる。さらに、映画技術を利用し、労働者の動きを研究し、最も効率的な動きが追求されてさえいた。

このように工場とは、工業製品を効率的に製造するだけではなく、労働者の効率的な利用をする現場になっていく。また、管理者と従業員の職務内容を明確に区別し、管理者と計画の遂行がワンセットとなる。これが大量生産技術の基礎である。

テイラーが行ったのは人間の本性の変更でもあった。労働者は元来怠慢なものである。意識的なサボタージュ（怠業）ではなく、自然的怠業といって、人は楽な方に流れてしまう。また、このような怠慢は個人に留まるのではなく、組織的怠業にもなっていく。周りにあわせて、早く働きすぎないように無意識にコントロールし、それが組織の規範となってしまう。また、労働者は稼ぎが増加すれば、その分働かなくなったり、出来高の基準を下げてしまう。そもそも、資本主義以前の人々が時間を惜しんで勤勉に働いたわけではなかった。

人間の労働へのこの自然的態度が、科学を利用することによって変更されたのである。その代わり、社会は大量生産を行い、人々は豊かな物資を安価に所有できる。労働現場では、以上のような効率化がはかられ、出来高というインセンティヴで賃金が決まり、生産性の向上が労使ともに利益になると労使双方の協調が強調される。

テイラーの考えかたは、現代の経営学、経営管理論や生産管理論の基礎となっている。作業の単純化、標準化、専門化によって、能率が飛躍的に向上した。先に大衆を効率的に同一方向に向かわせるため群集心理学とマス・コミュニケーションがPRとして利用されたように、このとき、科学は工場とそこで働く労働者を効率化するために利用されたのである。

このテイラーの科学的管理法を取り入れ、製品販売のために経営学の視点を導入し、大量生産技術を完成させたのが、実業家ヘンリー・フォード（一八六三―一九四七）であった。かれの手法はフォード・システムといって、大規模な市場の開拓と一体化した大量生産システムを構築し、生産と労働者を合理的に編成することに成功した。

かれが行ったのは自動車の大量生産である。一九一三年、ミシガン州ハイランドパークに工場を設立し、T型フォードの生産を行い、ほかの車種はまったく生産しなかった。注目されるのはベルトコンベア式の生産ラインの確立である。シカゴの食肉工場を手本にしたといわれるが、自動車という精密機械の生産が単純労働化したことに意義がある。

自動車自体は一九世紀前半には存在した。ただ産業として成功してはいなかった。道路の整備が追いつくわけではない時代、蒸気機関で走る不快な乗りものといった程度の位置づけでしかなかった。つまり、煙や騒音をまき散らす機械であったのだ。

一九世紀後半には、ドイツでダイムラーやベンツがガソリンで動く内燃機関の自動車を生産するようになる。この事業は一定の成功を収めたが、生産方式は熟練工によるマニュファクチュア段階であった。そのため、非常に高価で、金持ちの遊び道具でしかなかった。

フォードはこれを変革した。つまり、自動車の産業化、大量生産である。

T型フォードは一九〇八年に販売開始で八五〇ドル、当時のほかの自動車が二〇〇〇ドル程度であったから、十分安い価格であった。それから二〇年程度生産が続くが、最終的には三〇〇ドルを下回る。低価格化が実現できた理由は、ハイランドパークの工場にあった。ベルトコンベア式の生産工程が七八〇〇以上にも細分化され、労働者はライン上を移動する車体に左ドアだけ設置するなどの特定の業務を行い、単純作業を繰り返した。この方法こそが、生産効率を最大限にしたのだ。一九二九年までに合計一五〇〇万台生産され、生産中止となる。当時の米国の人口が一億二〇〇〇万程度であるから、世帯所有で考えると、数軒に一台程度の自動車所有と思われる。

ほかの車種を作らず、T型フォードだけの生産に集中する方法は、生産設備の整備コストが削減でき、部品の規格が少なくてすむ。まさに生産の合理化であり、効率化であった。労働は均質化、平準化する。だれもができる仕事であり、熟練工の居場所はなくなってしまう。もう、職人のモノ作りの知識や技術は不要になる。

ということは、このような知識や技術が社会から喪失していくことでもあった。いまや知識や技術は職人や職人たちの共同体が担うものではなく、機械を利用した工場システムのものとなった。機械はスイッチを入れれば、人間とは無関係に動き続ける。これ以上、効率的な存在があろうか。そして、この効率的存在である機械に人間があわせて労働するのであるから、これもまた効率的であり、人間の機械化でもあった。分業の発達がもたらした帰結でもある。

実際、フォードの工員は単純作業に大いに苦しめられた。かれらの離職率は非常に高く、三カ月も働けば、辞めていった。フォードは給料を上げれば、不満を解消できると考えた。その結果、破格の賃金となり、経営に問題がない程度の離職率にすることはできたが、問題は残った。機械扱いされることで人間の退屈と不満が高じたのである。労働者へのどんな動機づけもうまくいかず、労働者は最低限の仕事しか行わないようになる。

ここで、フォード以降に産業心理学を取り入れたエルトン・メイヨー（一八八〇―一九四九）についても採りあげておこう。テイラー・システムの継承であるが、電気機器の開発製造を行うウエスタン・エレクトリック社のホーソン工場で作業の科学的編成が効率化を生むのか、実証的研究を行うものであった。たとえば職場の照明の明るさが作業効率にどのような影響を与えるのかを検証するなど、外的、物理的な条件による作業効率を研究した。

しかしながら発見された事実は、機械のように物理的条件だけに左右されるのではなく、人間関係やインフォーマルな組織が重要であるということであった。通常、組織は人為的、意図的に作られ、明文化された規範によって、成員の活動を方向づけたり、規制する。これがフォーマルな組織である。しかし、フォーマルな組織とは別に、個人間の相互作用のうちに、無意識的、自然発生的な成員間の仲間関係が作られる。かれらにある規範は暗黙のうちに作られ、成員はこれに縛られる。こちらがインフォーマルな組織であり、こちらの関係性の方が組織の効率性や生産性を決定づける力が強いことが発見された。このような人間関係論の知見は産業心理学や組織心理学を発展させることになる。ここで科学は人間関係を紐解き、労働者を効率的に仕事に動機づける知識となる。

科学は労働者や人間関係を合理化するテクノロジーとして利用されるようになった。

フォーディズムの理想的社会は別のところにあった。

ヘンリー・フォードは「産業の真の目的は、この世を良質で安価な生産物で満たす」ことと考えていた。フォーディズムは合理化における大量生産技術の完成とともに、物質的豊かさの平等な享受という思想でもあった。あたかも偶像崇拝の禁止のようである。プロテスタンティズムの倫理は感覚文化を拒否し、生産物の徹底的な規格化を目指す。そのために要求されるのは功利主義的な組織であった。つまり、感覚的な文化、イメージなどの魔術的な魅力を排除し、効率性をとおして追求される物質的豊かさのみに奉仕した。フォードの理想的社会は、まさにプロテスタンティズムの倫理が要求する世界である。実用的な目的でだれもが自動車を買えるようになる社会である。事実、フォードで働く労働者もT型フォードを買うことができた。いまや自動車はアメリカ人の必需品である。神の前で平等であるかのように、だれもが高級であった自動車を平等に買うことができる社会が到来したのである。ゆえに大量生産システムの完成は大衆消費時代を約束する。

フォーディズムによる生産が確立されると、機械設備や生産ラインの変更には莫大なコストがかかってしまう。そこで登場したのが、特定の需要に適応するため、フレキシブルな生産体制を採るシステムの開発である。一九七〇年代になってしまうが、ポスト・フォーディズムと名づけられる。フォーディズムがその下敷きとなり、コンピュータの発達がそれをあと押しした。特にマイクロプロセッサの発達により、ロボットが人間の代わりに、否、人間以上に〝労働〟するようになったのである。オートメーション化が進んだ、現代の自動車生産ラインである。

じつはT型フォードは黒塗りしかなかった。コストや耐久性から選択された結果である。ほかの色を使えば、当然コストがかかる。実用性重視のフォードからすれば、当然の選択だったかもしれない。しかし、消費者が求めていたのは実用性だけではなかった。

たとえば、GM（ゼナラル・モーターズ）の戦略はフォードとはちがい、多種多様な自動車生産を行ったところにある。そこにはマーケティング戦略があった。GMを設立したウィリアム・デュラントは高級車メーカーや大衆車メーカーを買収する。この買収によって、GMは事業拡大し、総合自動車メーカーとなる。T型フォードの人気に最初押されていたが、一九二七年には生産台数で上回り、世界最大の自動車メーカーとして、その地位を確立した。

フォードが拡大した自動車市場は、人々がT型フォードを所有してしまえば、停滞する。一九二〇年代、消費者の志向は変化していた。安さだけが消費者にとって重要というわけではなかった。別の価値を自動車に求めはじめていた。GMはその志向にマッチした。

デュラントのあと、アルフレッド・スローンが事業を引き継ぐが、かれは自動車に関する知識はなかった。しかしながら、フォードとはちがう経営戦略をもっていた。つまり、いま所有している自動車を手放させ、新しい自動車に買い替えさせることであった。フォードの実用性のみの重視では、新車の購入は不要でさえある。修理さえできればいいのであって、それでは自動車産業は新しい自動車を生産する必要がなくなってしまい、衰退する。実際、フォードはそれで人々が満足すると考えていた。そうすれば、労働者もまた不要にさえなってしまう。ということは、失業と不況の問題を内包した戦略こそがフォードの経営哲学でもあった。

スローンは自動車の外観を重視した。つまり、デザイン性である。また、モデルチェンジを行う。実用性ではなく、自動車に魅力、魔術的な力を付加していく。当時の人々はGMの新しい自動車に魅了された。しかしながら、当然T型フォードよりコストがかかる。そこで下取りとローン制度を導入し、買い替えを容易にした。つまり、ポスト・フォーディズムの先駆であったのだ。

もちろん、ここにもまたPR戦略が使用された。自動車は現在の服飾と同じく、デザインとモードと広告の商品になった。フォードは大量生産システムを完成し、GMは自動車を消費化の対象とすることに成功した。ここで消費化とは、使用価値（実用性）において消費されていたモノに記号としての意味づけを与え、その記号性が消費されることを意味する。

アダム・スミス以来の経済学の初歩に、商品の使用価値と交換価値を分ける見方がある。使用価値はモノの実用性（有用性）であり、交換価値は実用性とは別に、市場における需給関係において決まる価値のことである。一九八〇年代になると、使用価値と交換価値とは別に、モノの記号性に着目して、象徴価値という概念が使われるようになった。象徴価値をもつモノを身につければ、その人物がどのような人物かが表現されてしまう。たとえばブランド品を身につけると、それだけでその人物の階層や趣向が表れてしまう。モノが他者とのちがいを表象してしまうわけだ。これはソースティン・ヴェブレン（一八五七―一九二九）のいう誇示的消費である。ぼくたちはモノをその使用価値にのみ限定してはいない。消費はモノの実用性による欲求の充足を行うだけではなく、他人に対して自らの社会的地位を誇示したり、あるいは高い地位上昇を自らの願望としていることを表している。ゆえに消費は他者との差別的比較や、あるいは見栄を満たす行為にもなる。

フォードからGMへの自動車の消費の変遷は、これら使用価値、交換価値、さらに象徴価値を一挙に示す好例であり、どの価値にコミットする思想か理解できる。その変遷のポイントは使用価値に基づく欲求の充足が飽和点に達すると、人々は象徴価値へと消費の価値を移行し、欲求システムが更新され続けることにある。

フォードは、生産者がよい商品を生産すれば必ず売れるという思想である。なぜなら市場に自動車が不足しているからである。このとき、使用価値はすなわち交換価値と一致する。貨幣は実用性との関連のもとで意味をもつとみえるので、お金は使用価値をまとわせ、実用性を象徴していた。市場の需要に余裕があれば、生産すれば

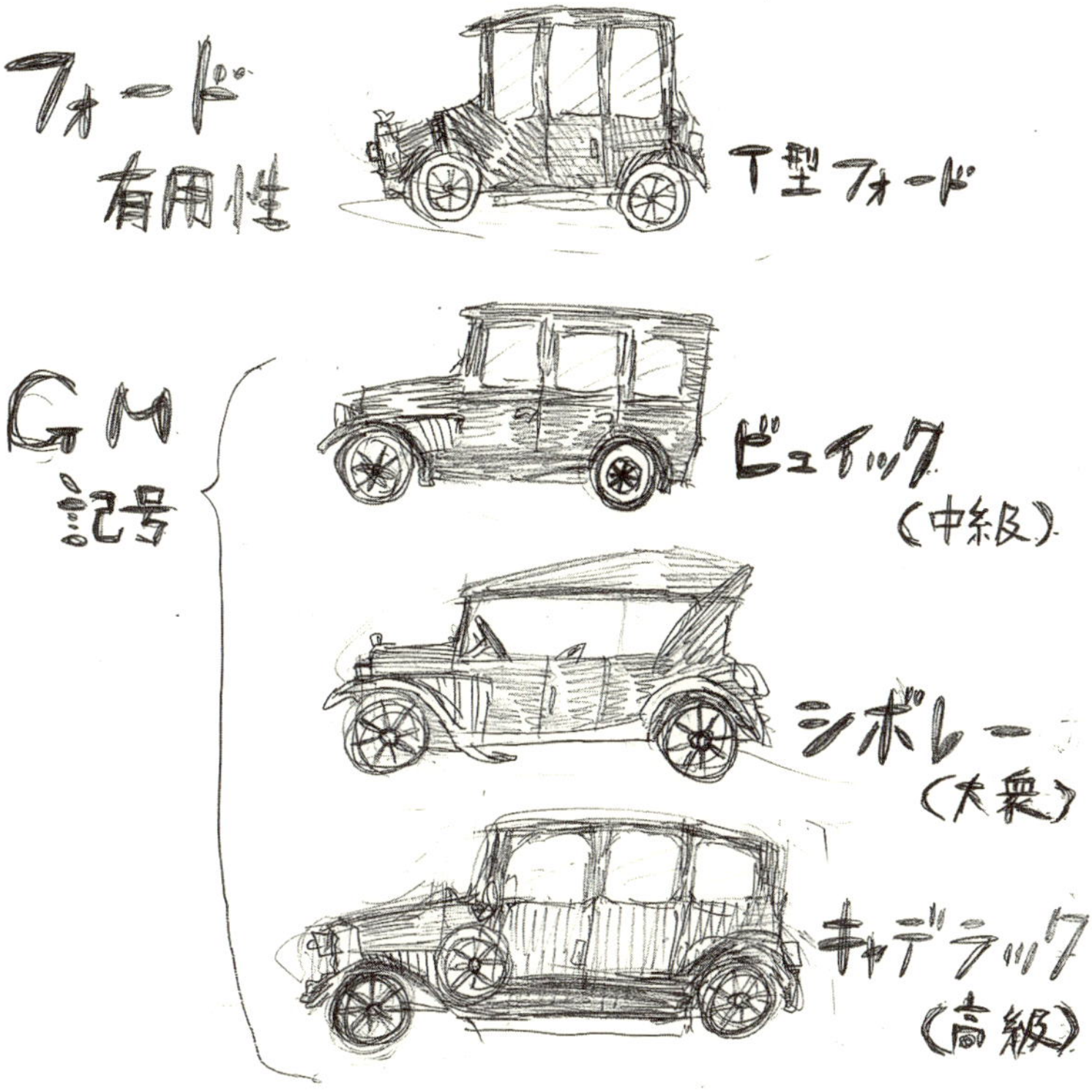

すなわち売れることになる。
　しかしながら、だれもがT型フォードを手に入れてしまえば、T型フォードを生産し続けると自動車は余ってしまう。在庫を抱え、当然企業は困る。この乗り越えを果たすのがGMの戦略であり、使用価値から象徴価値へのシフト、自動車の記号性へのシフトによる消費の内実の変化である。
　象徴価値は商品の実用性／有用性や市場での需給関係とは独立して、もっぱら記号として解釈される。現実的な有用性だけで商品を購入するかぎり、消費には限界がある。基本的には人間の身体性があるからだ。一度に食べられる量には当然限界があるし、どんなにおしゃれ好きでも一日で着る服は限られる。
　ところが、象徴価値であれば、一生かかっても使い切れないほどのモノを集め、

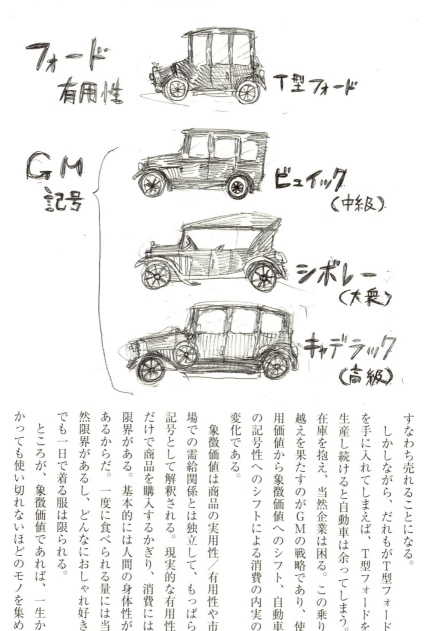

所有できる。フィリピン大統領であったマルコスの夫人イメルダは靴三〇〇〇足、ドレス六〇〇〇着を所有していたという。国家財産の私物化と揶揄されたコレクションであるが、一生かかっても使いきれないし、有用性や生活のための充足手段であることから明らかに逸脱している。モノに対する止められない欲望があるとしかいいようがないが、象徴価値における市場は、イメルダのような欲望に焦点化することによって自律する。

フォーディズムは大量生産社会を完成したが、GMは高度消費社会の理論的な先駆であった。前者は産業化を推進し、プロテスタンティズムの倫理、偶像崇拝の否定を体現する。あくまで有用性においてのみモノは要求される。後者はモノの記号性という新たな偶像崇拝を、魔術を人々に渇望させ、市場の無限な発展を目指す。人々は生活に必要な充足手段とのつながりを解かれ、常に充たされない欲望の主体へと変貌する。

かれらは商品を購買するという行為においてのみ、自己充足ができるが、つぎからつぎへと新たな記号、魔術が付与した商品が登場するため、その充足は一時的なものになる。商品を生産する企業側もまた、つぎからつぎへと記号性の変化を通じた新たな商品を作りださなければならなくなる。

前者が前期資本主義であり、後者が後期資本主義である。需要を無限に創出することによって、前期資本主義の矛盾を乗り越えるわけである。

一九二九年には世界大恐慌があった。歴史はじまって以来の大不況である。株価が三年ほどで九分の一程度にまで落ちこみ、最悪時の失業率は二四・九%（一九三三年）であった。ちなみに一万以上の銀行が倒産し、一時的に全銀行が業務停止に陥った。このとき、アメリカ経済はすでに巨大化し、他国への輸出も世界の一五%を占めたため、恐慌は世界に波及した。

この時点で、大量生産技術は確立していたといえる。大恐慌の背景に生産過剰の問題もあった。フォードの経営哲学の矛盾が自動車産業を飛び越えて、あらゆる産業分野に拡大したともいえる。労働生産性は高まっていたが、労働者の賃金上昇は不十分であった。そのため需要不足が起こったのも恐慌の一因であった。産業化、資本主義の最大の危機であったが、アメリカでは修正資本主義と呼ばれる考えから乗り越えがはかられた。

資本主義はロックの思想を基礎に、市場に任せた自由放任であればよいと考えられていた。政府が市場に介入することは自由放任の否定であった。この考えは特に米共和党では現在も根強く、あらゆる面において政府の干渉を拒む傾向がある。しかしながらジョン・メイナード・ケインズ（一八八三―一九四六）の経済思想が取り入れられ、政府が市場に介入する。ケインズは経済にとって、生産よりも消費こそが資本制の本質であると見抜いていた。その方法は公共投資である。政府が先に供給をはかり、有効需要を拡大していく。政府が大きな計画を立てて道路やインフラ整備などを実行すれば、それが波及効果を生み、消費と投資が伸びるというものである。いわゆるニュー・ディール政策だ。この政策では忘れてならないことがある。国内需要を作りだすため、つまり労働者の賃金上昇を促すため、労働組合の役割が重視されたことがあげられる。労使協調がはかられ、フォーディズムの思想ともマッチしていた。労働生産性の向上が賃金の向上となり、労働者もまた自動車を所有できるわけだ。

しかし実際には、ニュー・ディール政策がすんなりと進んだわけではなかった。理由は政府の市場介入が憲法違反とされたからである。アメリカでは、それほどまでに自由放任が正しいとの信仰があったのだ。じつは公共投資政策を最大限利用し、成功したのはドイツのヒトラーであった。ちなみに現在のアメリカにおいては自由放任を方向性とする考えが保守主義であり、ニュー・ディール的な方向性がリベラル思想である。

三〇年代のアメリカの苦難は結局、消費の内在的な拡大をはかる消費化の進展を待たなければ、乗り越えられなかった。それは第二次世界大戦による軍需拡大をバネとすることになる。以降は公共投資へのアレルギーもなくなり、消費化が進むことによって、一九五〇～六〇年代の黄金時代を迎えることになる。常に成長しなければならないものとして、経済は自律を達成した。ここに純粋な資本制が完成を迎える。企業による合理的な大量生産、政府の公共投資による需要と投資の喚起、ぼくたちの欲望喚起による消費化の三ベクトルの融合である。

ここで象徴的な事例を採りあげることにしよう。ナイロンストッキングである。

一九三九年に発売されたナイロンストッキングは、一年間で六〇〇〇万足もの売り上げを記録した。現在も米国の大企業であるデュポンが開発した商品である。当時のデュポンは爆薬メーカーとして独占企業とみなされていただけでなく、戦争によって私腹を肥やす商人とさえいわれ、ネガティブなイメージをもたれていた。このイメージ払拭を成功させた商品こそがナイロンストッキングであったのだ。

この商品に破格の予算をあて、PRを行う。広告会社が作った宣伝文句が「化学を通して、よりよい暮らしによりよいものを Better Things for Better Life Through Chemistry」であった。このナイロンストッキングには化学という魔術がかけられていたのだ。ひとつには科学がぼくたちを幸せにするというイメージである。科学は合理化の最大の方法であったし、呪術的な要素の排除を行うものであるが、ここで科学自体が魔術のように、ぼくたちを幸せにすることを約束している。少なくともそのようなイメージをマス・メディアが媒介し伝播している。

ふたつめには女性の足を美しくするというイメージである。そもそも女性の足の性的な魅力の強調はプロテスタンティズムからはほど遠く、有用性とかけ離れている。当時の女性は「男性は薄いのが好きでしょ」と語ってさえいる。性的な魅力を表現できる商品が、肯定的に女性に受け入れられているわけだ。当然、男性もナイロンストッキングを身につける女性を喜んでいるにちがいなかった。

「科学＝幸福」、性的な魅力という記号化された商品としてナイロンストッキングは存在し、人々は受け入れていったのだ。まさに消費化のための典型的な商品である。そして、これらのイメージはPRというマス・メディアの力によって構築されたものでもあった。

ここに「豊かな社会（affluent society）」が到来した。米国の経済学者ジョン・ケネス・ガルブレイス（一九〇八

―二〇〇六）は、人間の労働は生存の危機を逃れるためにあったが、現代社会ではその様相が変化したと指摘する。生活の必要から解放されたモノがあふれているのが現代社会の新しい様相である。かれの著作『豊かな社会』は一九五八年という米国の黄金時代に記されており、米国人は高度産業化に伴う豊かな産業社会を謳歌していた時代であった。

ガルブレイスもまた有用性から消費が離脱したことを指摘する。生産性が向上した裕福な社会の成立は、生産の増大に対応するため、消費の増大も必然的に要請されるが、消費は先にあげた記号や見栄を通じた欲望に依存する。さらに宣伝や販売術によって欲望が作りだされる。米国の繁栄とは、この欲望のシステムの定着によるし、米国人のアイデンティティは消費することによる豊かさの享受になったのである。この時期になると、自動車だけではなく、テレビなど電化製品などの耐久消費財も家庭に定着し、高度大衆消費社会が実現する。新中間層が増大し、パックス・アメリカーナが発展する。日本の高度経済成長はこのあと追いである。

「豊かな社会」の到来は人々の社会的性格を変容させる。デイヴィッド・リースマン（一九〇九―二〇〇二）は『孤独な群集』（一九六四）のなかで、同調性の様式の変化として、社会的性格の歴史的変遷を整理する。同調性とは、望ましく必要とされる社会的要請に人々が対応することである。近代化とは、人々のありよう、同調性の様式が伝統指向型から内部志向型へ、そして他人指向型への移行として整理可能なものと理解できる。

前近代社会ではこれまで言及してきたように、人々は宗教や伝統に従って生きていた。このとき、人々は自身の行動についてなにを基準に、あるいはなにに同調して決めていたかといえば、当然のこと、伝統であった。伝統こそ人々に同調性を保証し、人々は伝統に同調する社会的性格をもって生きていた。大多数の者は何世紀にもわたって繰り返されてきた行動様式を学び、そこから逸脱することは、すなわち社会から離脱することであった。

近代化はこれまで繰り返してきたとおり、伝統からの離脱であった。伝統を頼りに生きていくことから離れていくと、人々が行動の基準をみつけだすには、まず自らの内部にしっかりした価値基準が存在していることが必要である。それをリースマンはジャイロスコープ（羅針盤）に例え、内部志向型と位置づける。どんな環境変化に対しても、ジャイロスコープがあれば方向性を失わず、自ら信じた道を突き進み、自らの運命を切り開くタイプである。自ら信じた道とは親や教師、あるいは活字によって植えつけられた人生の目標を指す。これがかれの内部に根づき、同調性を保証する。どのような状況でも自らを律し、勤勉に働くプロテスタンティズムの倫理を想定させる、生産労働に適合した社会的性格である。

そして、消費社会の成熟とともに広がるのが他人指向型である。個人の方向性を決める基準は同時代の人々の趣向になる。身近な人も重要であるが、マス・メディアのなかの人々も重要になる。それを感知する能力をリースマンはレーダーに例える。内部指向型の人間はその内

参考文献

石田英敬『大人のためのメディア論講義』筑摩書房、2016

ガルブレイス・J（鈴木哲太郎訳）『豊かな社会　決定版』岩波書店、2006

ギデンズ・A（松尾精文他訳）『社会学』而立書房、1992

小室直樹『日本人の経済原論』東洋経済新報社、1998

佐古輝人『畏怖する近代——社会学入門』法政大学出版会、2006

テイラー・F（有賀裕子訳）『新訳　科学的管理法』ダイヤモンド社、2009

ボードリヤール・J（今村仁司・塚原史訳）『消費社会の神話と構造』紀伊国屋書店、1995

ユーエン・S（平野秀明・挾本佳代・佐古輝人訳）『ＰＲ！——世論操作の社会史』法政大学出版会、2003

リースマン・D（加藤秀俊訳）『孤独な群集』みすず書房、1964

部に信念や価値基準を抱えていたが、他人指向型の人間にそのようなものは存在せず、他人の動向をレーダーでキャッチして、そこから自らの行動をコントロールしていく。他人からの評価を重視し、環境変化に素早く対応して、他者に好感を抱いてもらおうとする。

レーダー型の場合、重要なのは自らの信念ではなく、他人からの評価であり、それこそが自らのパーソナリティであるという位置づけである。他人と同じでは自らを差異化できず、あまりにちがいすぎては浮きあがってしまう。そこで必要なのは他人とのわずかな差異を作りだす能力である。

ゆえに消費社会に適合的なのである。記号化された商品が、小さなデザインのちがいや広告から与えられるイメージで他商品と差異化するように、消費者はこの差異化に敏感になる。それは他者との関係にも敏感になることとつながる。自らを記号化するからである。ここでお互いを差異化しながら競いあうように消費することが自明のものとなった。

ここに現代社会がはじまったのである。

九章　大衆社会と情報化社会

一九世紀末になると、民主主義の危機が意識され、大衆社会が到来したと考えられた。大衆社会という考えかたは、資本主義による急速な産業化という歴史的事実から導かれている。そこでは、民衆ではなく、大衆が政治的・経済的条件を作りだしていると考えられた。その背景は、分業化、大量生産方式の浸透、都市化と人口の集中、マス・コミュニケーションの発達、労働者の政治参加による政治の大衆化があげられる。

新しい支配階級といえる資本家（ブルジョアジー）は大衆（労働者）をコントロールしようと努めた。このようなプロセスにおいて、理性を有する存在として自らを位置づけていた。付言しておくと、資本家以前の支配階級であった貴族や貴族主義的な価値を抱く者たちからも大衆という言葉は使われ、軽蔑の意味が込められていた。資本主義の発達による社会関係の変化は、つまり資本家と大衆（労働者）との対比による階級構造はかつての封建社会より平等なものに変化した。同時に社会意識としては、資本家と労働者に二極化している。大衆層が拡大すると、かつての貴族や資本家からするとこのような平等化は悪平等であり、平準化にすぎないとみなされてもいた。

このような社会構造の変化のなかでは、民主主義の基盤は公衆に支えられていた。先に採りあげた公共圏では、民衆は集まり、政治について議論を行い、自らの政治的意志を作りあげていった。ここにみられるのは、まずひとつには教養である。実際にフランス革命のとき、民衆はカフェでルソーを議論していた。

もう一点重要なことがみられる。それは議論を可能にする人々の集まりが当然のように存在したことである。この集まりこそが個人をただ個人として孤立させることを遠ざけ、多様な意見と接する機会を提供し、公共性の基盤となったのだ。多様な意見と接すれば、自身の意見をそれらの意見と闘わせ、自己の意見に閉塞することはないし、偏った意見を相対化することが可能である。理性には教養と多様な意見との格闘が必要であり、その場所が社会的に確保される必要がある。

このような集まりは中間集団として機能する。中間集団とは個人と国家の中間にある団体を指す。『大衆社会の政治』（一九六一）でウィリアム・コーンハウザー（一九二五―）が用いた概念であるが、個々人が全体社会や国家と直接向きあえば困難が伴う。たとえば、国家こそが個人のアイデンティティを基礎づけ、国家にのみ忠誠を誓わせ、現にある国家の絶対視につながるなどの弊害が予想される。しかし、中間集団として、地域社会や職業集団、あるいは学生サークルなどの集まりが機能すれば、全体社会や国家を相対化でき、それらへの介入を可能にする。

大衆社会論とは、近代化に伴う中間集団の弱体化の結果として、個人の原子化（孤立化）を生みだすとの考えである。この考えにはイデオロギーという視点が重要な意味をもっている。マルクス主義者は社会が共産主義へと移行するのは歴史的必然としての法則と考えていた。そのため、崩壊すべき資本主義が崩壊を逃れている原因を、資本家による意識的な文化操作が行われるからであるとした。そこで、大衆を偽りの信念やブルジョア的価値に感染させようとする。この操作的な価値がイデオロギーであると考えた。

ここで少しばかり、イデオロギーについて、カール・マンハイム（一八九三―一九四七）に則しながら、簡単ではあるが触れておこう。

マンハイムによれば、イデオロギーとは人間の意識の真理性に対する懐疑から生まれる。相手の知識に対する疑念は、その知識の背後にある利害や社会状況に対する立場によって構成される部分をもつ。そのため、敵対者の知識やその表明は、敵対者の社会的な現実の関数として解釈される。このとき、敵対者の知識はイデオロギー（虚偽意識）と言われる。そうすると、真理をもつと信じる者は、自らの真理の表明をできるできないにかかわらず、敵対者の知識やその表明がもつ虚偽性を暴露しようとする。

単なる利害といった心理的効果にある場合、それは部分的イデオロギーであるが、世界観それ自体の場合、全体的イデオロギーという。全体的イデオロギーはかれの背後にある集団や社会状況によって位置づけられる知識であるため、その知識の源泉がかれの背後にある集団や社会状況にあるとして批判にさらされる。たとえば、かれの主張がそうであるのは、かれが資本家階級であるために、その階級的な制約のなかでの言説にすぎないと。マルクスの階級イデオロギーは当時の歴史的形成における最重要の理解ではあるが、それでもなお階級的なイデオロギーに留まるとした。

マンハイムの場合、このようなイデオロギー論から、自らの立場さえもまた原理上イデオロギーであることを前提にするという相対主義の立場をとり、人間の思想は、党派や時代にかかわらず、必ずイデオロギーを免れないとした。マンハイムがみいだすのは、存在の被拘束性であり、目指すべきはイデオロギーの暴露ではなく、存在の被拘束性のいくつものありようを明らかにして、社会の全体性のなかに関連づけること、つまり相対主義に留まらず相関主義の立場を主張した。このような視角が知識社会学となる。ウェーバー的な価値自由からイデオロギーを「虚偽意識」として否定するのではなく、歴史的に構築された事実としての思考形式とみなすわけだ。そこで、ある思考形式を全体的な関連のうちの部分として組みこみ、社会に対する理解を深められると考えた。

さて、大衆社会論にもどると、リースマンが「孤独な群集」とあえて矛盾した表現をしたように、群衆であるのに、かれらは孤立しているのである。この孤立を孤立として意識させないように、マス・メディアが機能する。そこで伝達される価値がイデオロギーである。大量生産方式を確立した資本主義社会において、ここでイデオロギーが決定的な重要性を帯びてくる。大衆は、共産主義からは革命の主体として、自由主義からは社会の主体として牙を抜かれてしまう。

小説やマンガ、大衆新聞、映画、ラジオなどのメディアに、そして二〇世紀も半ばをすぎればテレビというマス・メディアに大衆が没頭することによって、大衆の意識は相対的に心地よい世界に安住する。メディアはかれらに満足を与えるからである。そこで諸個人はバラバラに分断されているため、なにごとにも無関心となる。特に政治に関してというだけではなく、個人の欲求の満足を相対的に獲得しているため、家族や隣人、地域社会、生活諸領域にある問題に関して無関心で受動的になる。

かつての伝統的な絆、地域社会との連携、中間集団も希薄となってしまう。結果、人々は大量生産社会の消費者の地位に甘んじるのだが、自由に消費できることが通俗的な幸福観となっていく。

大衆とは、かれらを関連づける共同性が失われている人々という概念になる。社会学的な診断として、大衆社会とはうえからの支配に無意識的に組みこまれ、中間的な社会集団や制度の自立性が奪われた社会である。人間の理性によるコントロールができないため、マス・メディアからの情報に満足し、消費することに生き甲斐を感じる無気力な存在とされた。

このように個人がバラバラになると、全体主義に飲みこまれてしまうという危惧が生じた。ゆえに、大衆社会論者からすれば、かれらは非合理な政治運動に巻きこまれる危うい存在である。そして、この危惧が具体化された最大の出来事がヒトラーのファシズムであった。中間集団のもつ自律性がない社会であれば、無気力であった個人が中央集権化されたマス・メディアによる世論に感情的に反応し、国家を絶対化してしまう可能性が強まってしまうのだ。

映像が国家的なプロパガンダとして使われた事例として最もよく知られているのが、ヒトラー政権下のナチの活動である。プロパガンダとは、ＰＲ活動の延長線上にある「特定の信念や期待を広めるためにありとあらゆるコミュニケーションを利用する行動」を指す。プロパガンダの目的は人々の行動様式を変化させることだが、それはあくまで自発的な選択であり、そこに内在する価値観や意見が正当なものであると人々に信じこませる必要がある。

ヒトラーの時代、プロパガンダとして利用されたのが映画であった。特に有名なのが、ナチスの党大会の記録映画『信念の勝利』（一九三三）や『意志の勝利』（一九三四）、そして、ベルリンオリンピックの記録映画『オリンピア』（一九三八）である。これらの映画のなかで、大群衆が一糸乱れぬ行進や敬礼をドイツ総統のヒトラーに贈るさまは異次元の世界をみるようであったはずだ。

映画は現実と神話を橋渡しするような機能を有する。党大会やオリンピックは神話的祝祭性を帯びる儀礼的な大イベントであり、その映像はこの世とは思えないような世界である。映画は映像によって神話と現実を結びつけて、その中心に座するヒトラーのカリスマ性を顕現させてしまう。この映像による儀礼はドイツ民族全体に対して強烈なメッセージを投げかけ、翻って、このメッセージを受容するものはドイツ民族としてのアイデンティティを強化する。

『信念の勝利』『意志の勝利』から『オリンピア』へという時間の流れは、神話的世界が現実化されるプロセスとして、当時のドイツ人を包摂する。その結果、映画がもつプロパガンダ機能が最大限に発揮されたと考えられる。ちなみに監督のレニ・リーフェンシタールは政治的なプロパガンダとの意図はなく、映像芸術としての可能性を追求したと主張している。おそらく彼女の主張は事実であろう。

しかしながら、神話と現実を結びつけてしまう映像は、存在しない神話的世界をイメージとして作りあげ、リアリティを構築する。映画館という暗闇の世界にいる群衆は、それこそ群衆としての一体性のなかで、そのリアリティを引き受ける。映画館の外もまた、カリスマ的指導者が、その強力な権力により神格化され、全体主義的な雰囲気を作りだしている。映画のリアリティと現実世界のリアリティは地続きである。どちらにしても多様な意見は生みだされにくい。映画の感動、つまり感情的反応こそ、〝真実〟であるとの信憑を作りあげる。その結果、この大衆の感情は独裁者の支配に隷属する「自由からの逃走」（フロム）を現実化する。

このようなマス・メディアによる影響の大きさに抵抗する力のない大衆という理解は、マス・コミュニケーション論のなかでは、弾丸理論、皮下注射モデルとして理解されてきた。ＰＲおよびマス・メディアの「断言と反復と感染」によって、実際どの程度影響を受けるのかという関心から、マス・メディアは弾丸のように、皮下注射のように、直接的に人々の意見を変更させ、行動も変化させると考えられた。このとき、受け手は受動的で依存的な性格をもつ者として、強力なマス・メディアの影響下、無力で孤独な群集とされた。大衆はメディアに操作される。

大衆が孤立化し、分断されることが民主主義の危機に直結するとの意識は、つぎの段階でのマス・コミュニケーション研究に影響を与えていく。ちょうど第二次世界大戦後である。テレビが社会に浸透しはじめていく時期であった。ここでは経験主義的、実証主義的研究方法の洗練がみられ、その結果、マス・メディアの効果は直接的かつ強力なものではなく、間接的効果をもつものとして相対化される。これを限定効果説という。

代表的な研究としては、ポール・ラザースフェルド（一九〇一―一九七六）『ピープルズ・チョイス』（一九四八）であり、同様の研究成果を検証したのがジョセフ・クラッパー（一九一七―一九八四）『マス・コミュニケーションの効果』(一九六〇)である。これらの研究がもたらした知見は、マス・メディアの効果は、さまざまな媒介的諸要因との連鎖のなかで機能する。さらに、受け手の意見や態度を改変させるよりは補強する働きが強いことが理解された。媒介的諸要因というのは、マス・メディアとの媒介だけではなく、パーソナルな人間関係における媒介をも視野に入れることである。これは先に採りあげた中間集団とつながる考えかたである。

具体的な例としてラザースフェルドを採りあげよう。ラザースフェルドは「コミュニケーションの二段階の流れ説」を発見した。マス・コミュニケーションの発達は強力なマス・メディアから一方的に人々に情報がシャワーのように浴びさせられるというイメージとなってしまう。しかしながら、人間のコミュニケーションはマス・メディアとのみ行うわけではない。日常のなかにはさまざまなコミュニケーションがある。もちろん人間同士もそうだが、あるいは自然や世界とのコミュニケーションがある。人間同士といっても見ず知らずの他人と、あるいは家族や中間集団のような身近な人々といった多種多様な関係性がある。これらも総じて社会的コミュニケーションの総過程があるのであって、マス・メディアはその一部にすぎない。

この包括的な見方を組みこんでいくと、コミュニケーションの二段階の流れ説とはマス・メディアに中間集団論を組みこんだ議論とみなすことができる。コミュニケーションの二段階の流れ説では、マス・メディアが個人を直撃するのではなく、まずオピニオン・リーダー(opinion leader)に流れ、そしてその追随者(followers)へと流れることを発見した。オピニオン・リーダーは他人に影響力をもち、かれらの情報源やガイドとなる。オピニオン・リーダーから追随者の「パーソナル・インフルエンス(personal influence)」が成立するには、その前提として両者の関係性が成立している必要があり、そこには中間集団が機能している。そこに公共性という規範が組みこまれれば、大衆というよりも市民がいることになる。

この限定効果説は弾丸理論を否定した。重要なのは、人々がマス・メディアのみとコミュニケーションし、態

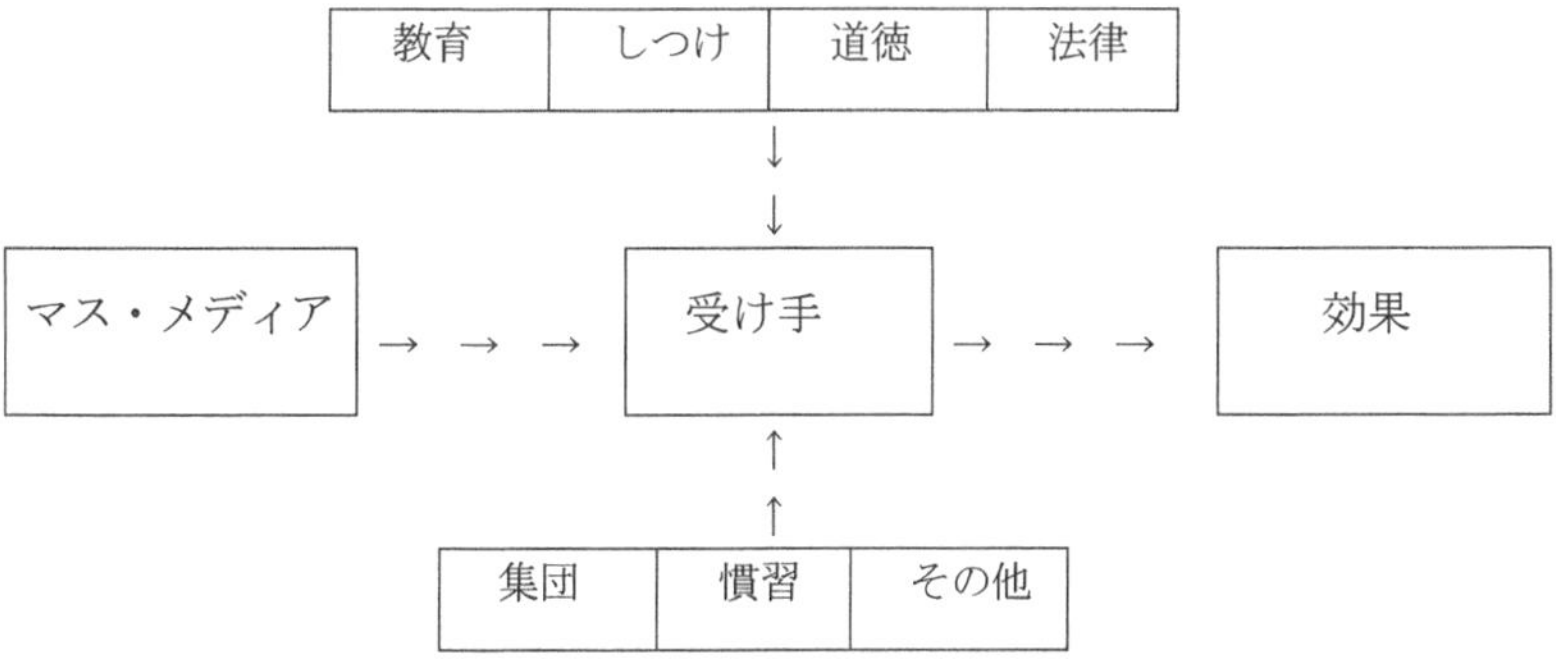

マス・コミュニケーションの現象論的アプローチ
コミュニケーションの二段階の流れ説は
現象論的アプローチの一種（田崎・児島著 P41 参照）

度や意見を決定するというのは現実的ではないということである。そこにはパーソナル・インフルエンスが、中間集団が存在している。よって態度決定にしても、意見表明であっても、中間集団のなかで意見を言いあう機会があれば、馬鹿げた理解や解釈は淘汰される。そのためにも分厚い中間層こそ、民主主義のために必要になるし、民主主義を機能不全としたいならば、中間集団を脆弱にし、大衆を孤立させればいい。孤立された大衆は結局他者との対話の機会を失い、自らの感情的反応を正しいとみなすことになる。

　このように一九六〇～七〇年代には、マス・メディアの影響力は学術的には相対化された。また、孤立した大衆を回避する方法としての中間集団がもつ公共性が重要であるとの認識がなされたのだ。マス・メディアの悪影響の指摘がなされ、恐れを抱くようになる者が出てきたが、人々の受容の程度、それら受容による意識や態度の変容、そして行動の変化など複雑な相関をもつ。

　ちなみに、メディアの影響力の大きさによって凶悪事件が発生するという構図は、因果関係を特定することができない複雑な現象である。ただ、実証的なマス・コミュニケーション研究から導かれたのは、マス・メディアから一方的に個人が情報を受容するのではなく、人間関係のなかで受容されることの確認であり、この人間関係の実在性こそ重要であるとの確認であったのだ。大衆社会論が想定したバラバラで無気力な個人は危惧すべき存在であるが、あくまで起こりうる可能性であり、回避すべき現象であった。

ちょうどこの頃、情報化社会という理論モデルが提唱されるようになる。情報化社会という概念の先鞭となるのが脱産業化社会論である。これはダニエル・ベル（一九一九―二〇一一）が一九七三年に指摘した概念ではあるが、かれは一九六〇年に『イデオロギーの終焉』で、この時代最も影響力のあった社会理論である大衆社会論を批判している。大衆社会論は西欧政治思想のすぐれて保守主義的伝統から生みだされたものにすぎず、「豊かな社会」における社会関係を反映していないと批判した。

「豊かな社会」は脱産業化社会となっていく。かつてのプロテスタンティズムにおける労働倫理は正当性を失い、快楽主義がこれに替わるのである。先に採りあげた、呪術的、あるいは記号を消費する消費主義的時代になったわけである。このような時代を生みだした産業構造の変化こそ脱産業化社会の出現に原因がある。「豊かな社会」は産業構造の変化からみいだすことができる社会変動でもあった。

特にベルが脱産業化社会の最大の要因とみなすのが、科学技術の発達である。たとえばメディア技術の発達であり、それは人々の社会的知識獲得のありようを変えてしまう。それまでの社会的知識は人々の共同性のなかで獲得されるものであった。共同体の年長者から生きるためのさまざまな知識を獲得していたのが常であったが、学校という近代的な制度に加えて、活字やテレビでの情報が人々の知識の多くを占めるようになった。このような変化は年長者を含む共同体の意義を低下させることにもなる。

ベルは脱産業化社会を産業化のあとに来る社会のマクロモデルとみなし、その指標として先進諸国での情報サービス産業の労働人口やＧＮＰ（国民総生産）が半ばに達していることに注目した。ちょうど、米国や日本など、経済の基調がモノから知識やサービスに移行しているころであった。

フォーディズムを思いだすまでもなく、労働とは工場での肉体労働を想定できたが、情報やサービスを提供する労働が増加する。この変化は専門的知識をもつ専門・技術職をより優位にする。全体として、社会における技術革新や政策形成の源泉として理論的知識の重要度が上がる。結果、脱産業化社会は能力本意の社会となり、知識・技術・能力が新たな社会階層を創りあげる主要因になると考えられる。資本と労働こそが社会の決定的な変数であった社会は過去のものとなり、情報と知識に移行していくのである。

ベルの脱産業化社会論は情報化社会論につながる。先の情報サービス産業を第三次産業と呼ぶことはよく知られている。もちろん第一次産業が農業、第二次産業が工業である。第三次産業の特徴は未来が知識社会になるとの期待を含んでいた。たとえば、日本では梅棹忠夫（一九二〇―二〇一〇）が社会変動に関する発展段階説を説き、現代は情報経済や情報産業の社会として発展していくとした。発展の段階は文明史的に農業から工業に、そして情報産業という最終段階が訪れると主張した。最終段階では、情報技術が社会を先導していくとの見立てであった。

梅棹は細胞分裂の比喩を使い、農業から情報産業の歴史的変遷をつぎのように解説する。最初に現れる産業は農業である。農業は内胚葉である。これは細胞でいえば臓器となり、人間の中心になる。その外側に中胚葉ができ、筋肉を形成する。これが文明史的には工業である。最後に外胚葉ができて神経系を作りあげる。これが知識や情報を扱う情報産業となる。ちょうどマーシャル・マクルーハン（一九一一―一九八〇）が電子メディアが地球上を覆う神経ネットワークを構築し、地球村（global village）になるとの予言的言説からメディア論を構築した議論を思いださせる。実際に情報化社会がより明確になるのはもう少しあとの時代であった。インターネットやスマホの現代になれば、より明確である。

梅棹の情報化社会論では農業や工業もまた情報化される。当然のことであるが、農業も工業も近代化により、また技術進歩により変化し発展する。この技術は知識でもある。よって知識をもつ者こそが社会で優位に立つことになる。そして、この知識が肥大化し、人々に情報提供するメディアの発達が情報化を促進する。

梅棹は情報産業を精神産業ともいうが、ここでの商品は情報であり、人間と人間との間で伝達される一切の記号の系列を意味する。農業や工業は実業であったが、精神産業は虚業になる。つまり実質的なモノを扱わなくてもいいのである。ここにはモノから記号、モノから情報というパラダイムの転換がある。実在を確信させる事実やモノではなく、記号体系から生じる情報的価値が優位となり、情報が経済を牽引する力になったとの認識がある。これは先に取り扱った消費における記号のより広範な適応といえる。

このような情報化社会論は記号体系における情報、象徴経験の優位、つまりモノから意味へ変換が重視される。このような生活世界の変容を促したもの、それこそ情報であり、マス・メディアの発達であった。マス・メディアはぼくたちの生きる世界を変えてしまったのである。

世界が変わると、ぼくたちは警戒する。それが大衆社会論と結びつく。テレビが登場すると、テレビ視聴者である大衆の主体性の問題が強調された。テレビという映像メディアと活字メディアの比較から、テレビが活字のような知的な活動にはならず、能動的精神活動にはならないと危惧された。テレビは人々の感情に直接働きかけるため、受け手は強烈な印象に巻きこまれ、受動的になると考えるメディア保守主義的意見が強まった。これに原子化されバラバラな個人像が組みこまれると、テレビは思考能力さえ奪ってしまうとの危惧さえ生じる。これは大衆社会論の再生産である。

もうひとつ問題が強調された。それはテレビで表象される世界はそれ自体では現実ではないという問題である。現実がオリジナルの世界だとすれば、テレビはコピーの世界である。画面上のコピーの世界は一見現実のようにみえるけれど、実際はテレビというメディアがもつ力学が構成する記号体系のなかでの出来事であり、情報だということである。このコピーの世界が映像という現実に近い形で人々の生活のなかに根づいていくことであった。コピー世界が広がることは、現実とコピー的世界両方に接するのであって、それまでとはちがう世界に住まうことになる。これこそが生活世界の変容でもある。当然この現象を生みだす構造はマス・メディアや情報化社会である。

テレビの世界はあくまで映像である。映像のなかで車が荒野を疾走し、その車に憧れたとしても、それはイメージであり、神話である。これらの映像をすべてあわせても現実にはならないのであり、ぼくたちが生きる世界の全体像を形成することはない。しかしながら、このイメージが共同的な思いや憧れに高められれば、映像は現実に影響を与えることになる。ぼくたちはこのような世界に生きている。車は商品であり、これら商品で占められた現実の環境は、消費されることを待つ記号の世界でもある。現実は現実でありながらイメージであり、記号である。映像もまた虚構であり、イメージでありながら現実の意識を作りだしてしまう。ニュースもドラマも、あるいはショウ・ウィンドウも記号化されている。ゆえに、かつてぼくたちが生活していた世界とは、意識しにくいにしても、異なる世界が創りだされたのである。

ロラン・バルト（一九一五―一九八〇）は『神話作用』（一九五七）で、このような世界の変化について、記号論と神話という概念から接近している。神話というのは、人間の条件を示す象徴的な物語であり、嘘やたぶらかしであるとバルトはいう。また、神話のなかでは社会が再現されている。これはひとつの伝達の体系であり、意味作用の様式である。そして、現代の神話は新聞記事や週刊誌の写真、見世物や展覧会において表現されている。メディア文化こそ神話の供給源である。

ここで嘘やたぶらかしという言葉に着目しなければならない。神話は現実の意味作用にあるのではなく、現実がメディア化されたときに生じる二次的な意味作用なのである。現実は当然それ自体でなにがしかの意味を与える。しかしながら、新聞や広告、あるいはテレビに、その現実を素材として利用した瞬間、現実に対応した意味作用が変化する。

たとえば、トマトは現実としての意味作用では「トマト」にすぎない。しかしながら、広告にトマトの写真が使われたとき、その意味は「トマト」を超え、新たな意味作用をもたらす。具体的には、太陽の光が降り注ぐ豊かさの象徴であるとか、イタリアの大地の豊かさや、あるいはイタリア人の幸福であるとかを示すことになる。

この二次的な意味作用は現実から遊離し、人々の価値意識に組みこまれていく。ここにバルトは嘘やたぶらかしのにおいを嗅ぎつける。当たり前だが、トマトが幸福を意味してしまうこともありうるが、だれにとっても幸福を意味するわけではない。反対にトマトが不幸を意味することもありうる。ゆえに「トマト＝幸福」は二次的な意味作用であって、現実それ自体ではない。このように人々が信じやすい価値観を表象するのが、神話という体系の一機能である。メディアはこのような作用を強化する。

メディアのなかのトマトは誇張されたシニフィアン（記号表現）になる。シニフィアンとシニフィエ（記号内容）で構成される記号（シーニュ）は、メディアのなかで利用されると、シニフィアンが誇張のふるまいをしてしまうとバルトは言うのだ。トマトは同じ記号にみえながら、神話作用をもたらすメディアのなかで使われると、シニフィアンとしてちがうものになっている。なぜなら、メディアのなかのトマトをみるとき、トマトだけをみるのではなく、メディアのなかのトマトをみるからである。このとき、メディアがトマトに作用しており、現実としてのトマトをみることはできなくなっている。メディアはショウ・ウインドウなのだ。

メディアのなかの記号は、特定の語調、あるいは誇張を基盤として成立し、他者との関係、社会を暗黙裡に内包し、演劇的にふるまうのである。このような誇張は、一種の身振りとして表出し、演劇的に人目を惹き、自らを誇示する。この記号作用の世界は現実ではなく、コピーされた情報世界を創りだす。ぼくたちはこれに反応しつつ、現実とは異なる水準にある意味作用の世界に住まうことになる。

そして、この新たな現実は現実であることを装う。ぼくたちが現実と思っている世界は誇張されたシニフィアンによって構成される意味世界になる。これは後天的に構成された世界だが、あたかも先天的なもの、自然なものとみなされる。その世界像は真理ではないが、真理として受け取られ、自然化しているのである。

バルトはメディア化されたシニフィエ（記号表現）が世界を覆うことに「いらだちの感情」を覚える。なぜなら、この記号のシニフィアン（記号内容）は、バルトにとって大衆のイデオロギーだからである。バルトは記号論をイデオロギー暴露の方法論としても考えていた。

神話は人々の社会経済的差異を隠蔽し、だれもが同じ生活基盤にあるかのように方

参考文献

今村庸一『映像情報論』丸善株式会社、2003

梅棹忠夫『情報の文明学』中央公論社、1988

カッツ・E＆ラザースフェルド・P（竹内郁郎訳）『パーソナル・インフルエンス――オピニオン・リーダーと人々の意思決定』培風館、1965

コーンハウザー・W（辻村明訳）『大衆社会の政治』東京創元社、1961

田崎篤郎・児島和人『マス・コミュニケーション効果研究の展開』北樹出版、2003

バルト・R（篠沢秀夫訳）『神話作用』現代思想新社、1967

ベル・D（岡田直之訳）『イデオロギーの終焉――一九五〇年代における政治思想の枯渇について』東京創元新社、1969

ベル・D（内田忠夫他訳）『脱工業社会の到来――社会予測の一つの試み（上・下）』ダイヤモンド社、1975

マンハイム・K（高橋徹・徳永恂訳）『イデオロギーとユートピア』中央公論新社、2006

向づけるし、それが正義であるという物語を作りだしている。大衆が欲望する価値観こそが正義であり、それらが全体化する。そうすると、差別的な状況、多様な価値意識がひとつの物語に回収されてしまう。歴史的に作られた恣意的な制度や権力関係は自然としてふるまい、人々を覆ってしまう。そこでメディアを媒介にした神話作用は、ぼくたちが信じるべき世界を提示しているようにみえる。そこにぼくたちの夢があるというように。そして、ぼくたちはこの状況に甘んじているにもかかわらず、夢を追いかけるものとして、肯定的に受容するのである。

振り返ってみると、ＰＲや広告は誇張されたシニフィアンを有する記号体系である。いまや生活全般に、自然なものとしてふるまい、受容され、あふれている。すべての記号は、よって、演劇的なふるまいをしながら、ぼくたちに絶えずメッセージを投げかけている。このような新しいメディア状況はかつての世界とはちがうのだが、ぼくたちは意識することもない。メディア・情報・記号は常にＰＲ的存在として立ち現れている。

一〇章　環境問題と消費社会

　一九六〇年代に入ると、原子力、南北問題、学生運動、反戦運動、フェミニズム、環境問題など近代社会の負の側面が人々に意識されるようになる。繁栄の五〇年代のひずみはアメリカ社会を襲う。また先進諸国にも同様の問題が浮上する。

　そもそも大量生産を行い大量消費する社会は当然のことであったが、大量生産するために資源の大量収奪を行い、大量消費のうしろには不用になったモノを大量廃棄していたのである。【大量収奪↓大量生産↓大量消費↓大量廃棄】という一連の流れのなかで、大量生産と大量消費する物質的豊かさを近代的な幸福として享受し、そこに安住した。

　大量生産と大量消費というフローは人間にとって都合のいい秩序を作りだす。この流れのなかで、ぼくたちは快適で便利な生活を営む。しかしながら、当然エントロピーが発生する。それが環境問題であり、このフローを裏返せば、大量収奪と大量廃棄の側面になる。このエントロピーが人間自身で処理する能力を超えると、環境に負荷をかけ、翻って人間に影響を与える。特に公害問題は、快適で便利で、「豊かな社会」という秩序のみを人間がみていたために、エントロピーが翻って襲ってきたという問題であった。

大量生産社会の問題点は地球資源の破壊として意識されるのが一般的であろう。近代化以前の社会では、人類が自然環境に与える影響は小さく、人々は自然に内包されて生きていた。自然環境の方が人類を支配する力をもっていたし、自然環境が与える富に人間は依存してきたのである。しかしながら、近代化および産業化は地球環境に対する脅威を作りだした。まず環境問題は公害として現れる。その幕開けは、レイチェル・カーソン（一九〇七―一九六四）『沈黙の春』（一九六二）によって広く知らしめられた。

戦時には科学を利用した兵器が研究開発される。もちろん原子爆弾がそうであるし、その他、細菌兵器や毒ガスなど化学を応用した武器の研究開発も行われた。また、合成化学もこれらの一環として進歩するが、戦争終了後に不要になるのではなく、その技術が応用され、平和利用と称され、市民生活に利用されていく。考えてみれば、原子力もまた平和利用と称して、アイゼンハワー主導のもと広まるわけである。特に合成化学は薬品製造のために利用され、市民生活に浸透していく。

カーソンが注目したのは、合成化学によって製造されたＤＤＴであった。農薬として利用された。製造されたのは一九世紀後半であったが、実際に利用されることもなく、一九三九年、パウエル・ミュラーがＤＤＴに強い殺虫活性があることを発見する。かれはこの功績から、ノーベル生理学・医学賞を受賞している。のちのち「死の妙薬」とまで称されたことからも、賞獲得は皮肉なことともいえる。

当初、人間には無害であると信じられていた。害虫駆除に最大の効果が発揮されるため、農業で急速に普及する。ヘリコプターによる空中散布も行われるが、これもまた振り返ると、大量消費の一方式でもあった。ぼくたちは農薬もまた大量生産し大量消費するサイクルを作っている。

化学薬品は自然には存在しないし、人間が作りだしたものである。自然界に存在するものと、人間が作りだしたものにはなにがしかの断絶がある。人間が作りだしたものの素材自体が自然界に存在するものだとしても。自然界に存在しているものは、地球の歴史のなかで、地球環境に適合してきたという歴史をもっている。自然界のものは分解や再合成など自然な循環系に位置づけられる。ところが、人間が作りだした化学物質にはこのサイクルに組みこまれないものが出てしまう。そうすると、生物や環境に残存してしまう。その意味で、歴史を有しない物質は歴史に適合するとは限らない。自然界は歴史を有し、絶妙なバランスで自然を循環させてきたのである。

ＤＤＴを空中散布する。害虫を退治するためである。同時に、益虫にまで影響が及び、害虫の天敵である鳥まで殺す。そうすると、虫を食べる鳥がいないことになる。そのうち殺虫剤に抵抗性を示す昆虫が現れ、加速度的に増加する。そして、鳥がいないわけだから、殺虫剤にまた頼らざるをえなくなり、より大量に使うことになる。

その化学物質は土壌に蓄積され、河川や海に流れこんでいく。つぎにプランクトンが、そして魚が、ついにはその魚を食べる人間に蓄積される。ただ蓄積されるのではない。濃縮されて蓄積されるのである。食物連鎖の頂点に立つ生物こそ生体濃縮が進む。この一連の流れのなかで、繁殖能力が低くなったり、正常な雛が育たないなどの問題がみつかったりする。そして人間を含むほ乳類へと蓄積された化学物質は、肝臓、腎臓、甲状腺、生殖器に障害を与えてしまう。殺虫剤の被害はそれを実際に浴びた世代よりつぎの世代で顕著になるとの特徴をもつともいわれる。

ＤＤＴは日本の戦後にも登場する。有名なのは、占領軍が子どもたちの頭に白い粉をかけていたシーンである。白い粉こそＤＤＴであって、頭に湧いたシラミ退治に使われた。第三世界においても害虫退治にいたるところで使われ、乳幼児死亡率が減少する成果をあげてもいる。しかしながら、化学物質を利用し、自然の法則に過剰に介入すれば、自然それ自体が長い歳月をかけて作りあげてきた絶妙なバランスを崩してしまう。

じつはカーソンは農薬使用の全廃を主張したわけではない。害虫といえども、このバランスを成立させる役割を果たしていることから、害虫を皆殺しにしてしまう方法に疑問を投げかけたのである。自然と共存していく方法を「別の道」として模索すべきだと。

化学物質を商品として製造する企業はカーソンを攻撃した。その方法はPRである。ひとつは農薬が人類にいかに貢献しているかというPRを行い、一方負のPRともいうべき宣伝を行った。農薬なしの農業では貧しい暮らしにもどるしかないと主張する。それだけではない。ときにはカーソンの人格攻撃さえ行い、『沈黙の春』の意味をかき消そうとさえした。力をもつ企業はPRという手段を用いて、広く人々に影響を与え、『沈黙の春』をなきものにしようとさえしたのだ。デュポン社がナイロンストッキングのPRで発した「化学を通して、よりよい暮らしによりよいものを」メッセージは、企業にとって守られねばならないイメージになっていた。

なぜなら、農薬は大成功した商品だったからである。もちろん、農薬は当初農産物の生産性向上のために作られた。しかしながら、それ以上の成果をもたらした。害虫駆除を徹底的に行えば、害虫だけでなく、その天敵の鳥さえもいなくなってしまった。先に述べたとおりである。ここで自然の循環が一部切断されてしまったことになる。そこで穴埋めのために、さらに農薬を使用することになった。カーソンは大量消費させること自体が目的だったのではないかと指摘しているが、自然の循環を切断してしまえば、科学的な対処によって、切断部を穴埋めするしかないのである。科学的な方法はすなわち大量生産されたモノの大量消費となる。

結果、自然の連鎖の切断が新しい商品をつくり、商品経済システムのなかに組みこむことができる。つまり、魔法のように新規マーケットが開拓されるのだ。国家単位でみれば、自然の切断で生みだされたマーケットでの消費はGDP（国内総生産）の上乗せになるのであるから、経済成長なのである。それゆえに企業にとっても、国家にとっても悦ばしいことになってしまう。いまやイメージや記号を燃料として需要を創出するだけではないシステムが作られているのだ。

地球が長い歴史を通じて作りあげた自然の循環のなかに、かつて人間は埋めこまれていた。人間が生きるため

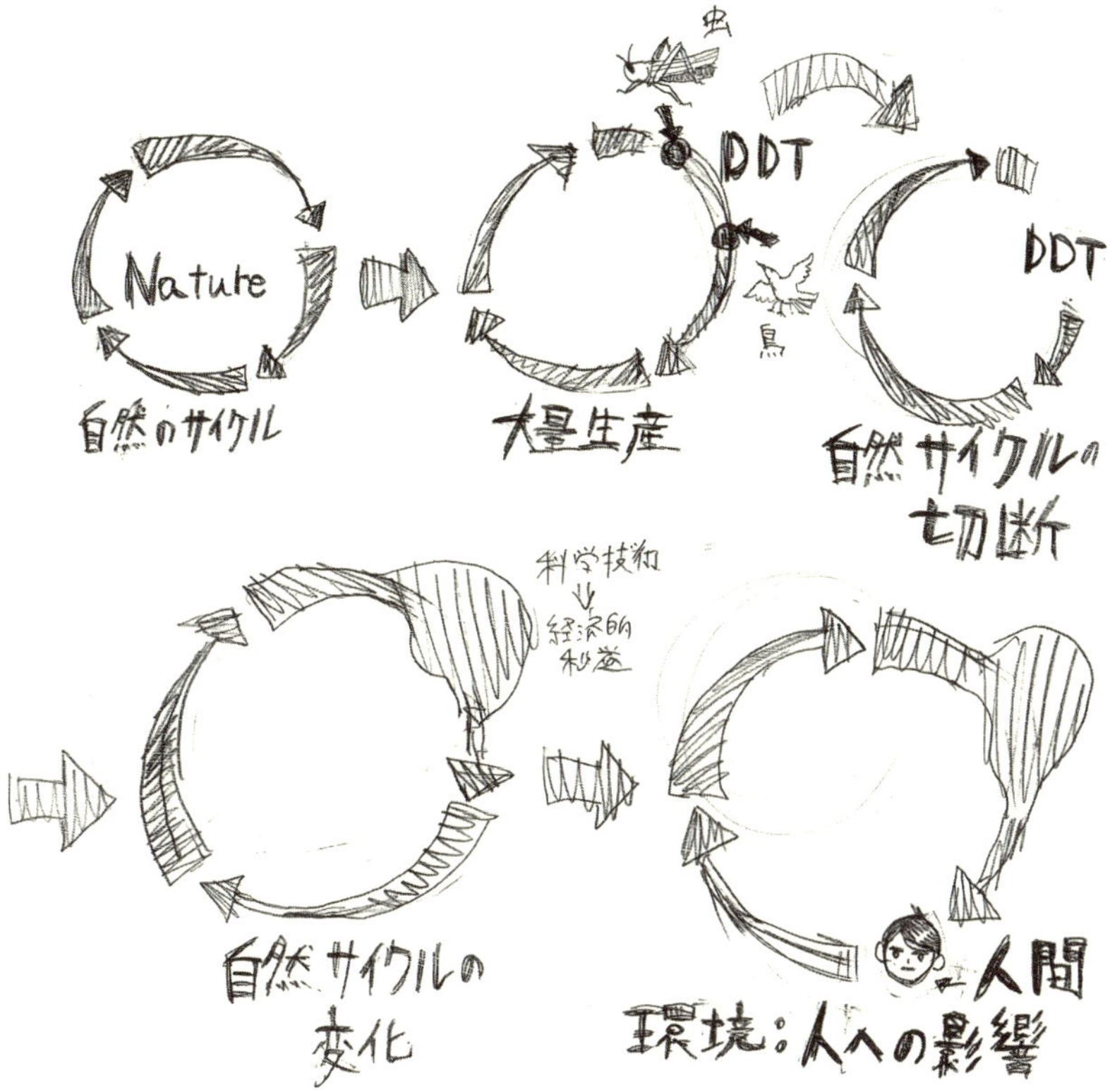

に自然からモノを取りだしたり、あるいは廃棄するモノを生みだしたとしても、自然の包容力のなかで循環された。しかし、近代社会はこの自然がもつ包容力を超えでる部分を作りだした。それが現象となったのが公害であったし、それを理解しようとする営みのひとつがカーソンの著述であった。

このようなＤＤＴの消費を振り返ると、カーソンは近代における経済の秘密をあらわにしている。経済成長の一部にすぎないにしても、自然の循環に科学を介入させることである。あるいは、自然の循環を切断し、そこに科学が作りだした商品を補填することである。前者はＤＤＴという農薬使用による農産物の生産性向上として、「豊かな社会」に貢献するものとして近代的価値観に適合的な現象として現れる。

後者は前者の負の部分からもたらせられた現象に対する対処である。どちらにしても、科学技術が利用されるのであり、科学は商品という資本主義的形象として現れ、資本主義に貢献する。ゆえに、カーソンが化学物質の危険性を指摘することに対して企業は自己弁護を行い、さらに攻撃的になったのである。自然はそのままでは経済的利益とはならない。ロックがいうように人間が関わることが労働価値を生むのであるから、人為的であることが経済的利益につながるのである。

つぎに日本の公害を採りあげよう。水俣病である。

一九五六年五月一日、二歳と五歳の姉妹が手足硬直、言語障害の症状を示すが、原因不明であると水俣市の保健所に届けが出された。水俣病の公式確認である。あくまで公式確認であり、周辺にはそれ以前にも奇病が存在していた。本稿執筆時点でそれから六〇年を超えるが、いま現在も被害者は症状に苦しみ、新たな患者認定を求める動きが続いている。水俣病はいまも終わっていない。

原因は水俣不知火《しらぬい》湾付近と新潟阿賀野《あがの》川流域で、アセトアルデヒド生産工場の排水に含まれていた有機水銀であった。アセトアルデヒドとは化学肥料やプラスチック製造の原料になる化学物質である。有機水銀を未処理のまま排水として垂れ流していた。この時代の軽工業を主導していたのが新日本窒素肥料（以下チッソ）でもあった。実際にチッソが有機水銀を流しはじめたのは一九三二年であるから、記録に残らない被害があったにちがいない。じつは世界中で有機水銀の垂れ流しはあった。その後、中国、アマゾン流域、カナダなどでも同様の被害が確認されている。ＤＤＴと同様、河川から魚に、そして人間にと有機水銀は蓄積され、世界的な公害でもあった。

一九五六年、熊本大学医学部研究班はチッソの工場排水が原因であると特定、有機水銀化合物による病理解明がなされた。この結果を受け、一九五九年、厚生省水俣病食中毒部会は有機水銀が原因との答申を提出する。しかしながら、厚生大臣からの報告を受けた通産大臣池田勇人は水俣病の原因特定は早計であると問題回避を行う。

結果、その後九年間、化学肥料生産の操業は継続となる。

翌年、池田は内閣総理大臣となり、所得倍増計画など高度経済成長を推進、また公共事業と農業の近代化を推進する。このような流れのなか、チッソが大量生産する化学肥料は農業の近代化と工業地域開発にとって重要な事業であった。つまり、水俣病の原因がチッソによる企業公害であると認めることは、高度経済成長の推進にとってダメージを受ける問題であった。ゆえに政策的意図によってチッソ操業は継続されたのである。

一九六八年、政府見解が発表され、公害の原因がチッソにあることを政府は正式に認める。この年、チッソはアセトアルデヒドの生産中止をしていた。政府が認めた裏には、チッソが化学肥料を作り、農業生産性を高めることが、国家にとって重要な事業ではなくなってしまったからであった。国家の基幹産業が、ちょうど軽工業から石油化学など重工業へと転換する頃だった。このとき、日本はGNP（国民総生産）世界二位、「豊かな社会」を達成したのであった。

このような経緯を振り返ると、水俣で生きるさまざまな境遇をもつ人々が、あるいは水俣という大地が経済発展を至上価値とする力に蹂躙され、見捨てられたともいえる。そこで、チッソに責任があるのは当然にしても、考えなければならないことがある。

チッソという企業は技術者をはじめ優秀な人々の集まりであった。社会的地位の高い企業であった。知性に秀でた人たちである。理性こそかれら企業の主導者であった。かれらの横には水俣病の被害者や死者、あるいは魂がある。かれらも当然みていたし、少なくとも知っていた。ここには道徳や感情が立ちあがってくる契機が存在するはずだ。少なくとも同情が、あるいは自分たちのしていることの意味を反省することが。

しかし、そうはならなかった。理性は感情や道徳との関係を切って、経済成長や物質的豊かさに向かうことを選択した。チッソは広い海に流れこめば薄められ、人体への影響はないだろうと漠然と考えていた。事実は濃縮されるというのに。ただチッソの労働組合のなかには、患者側について、企業責任を暴こうとした良心もあったことは付言しておく。

人間知性は思考の範囲を限定してしまう。ゆえに知性は知性が行う思考の及ばない世界が存在することを担保する必要がある。しかしながら、そこはわからないこととして知性は不問にしてしまう。だからかれらは漠然と水俣病被害をみていただけで、大義名分としての成功と経済発展を優先し、わからないことをわからないこととせず、理性の企てに奉仕することになる。

水俣病とは人間の全体性、あるいは命をみえなくさせたという事実を確認できる出来事である。水俣病の患者の症状はまさにむごいとしかいいようがないものだった。そのむごさこそが、患者の生きざまこそが告発の力でもあった。言葉を発することも自由にできない患者がその身体で、水俣病の、あるいはその原因に関連する物事の告発主体となっていく。もちろん告発されたのはチッソであるし、産業社会、それと共犯の国家でもある。あえて厳しく問えば、そこで安住しているぼくたちでもあった。なぜならぼくたちこそが「豊かな社会」を謳歌しているのだから。だからこそ、水俣病は日本社会全体のありようを反省させる最大の出来事にもなった。産業化を含む近代化をきっちり射程に収め、ぼくたちの世界観や生きかたを変えていく引き金であった。

考えてみれば、水俣病の患者とは〝普通〟に生活する民衆である。昔ながらの生活のなかで、魚を獲り、食していただけであった。つまり、産業化前のぼくたちであった。しかし、その営みこそが最悪の事態を引き起こすのであるから、〝普通〟の生活と産業化されたなかでの生活の乖離を意識せざるをえない。人間のありようが蝕まれ、生活が破壊されれば、社会を見直すのは当然のことだ。繰り返しにはなるが、水俣病患者の身体が告発したのは物質的豊かさと経済的合理性をワンセットとした近代文明社会であった。少なくとも、そういう面を指摘できる。

さて、カーソンが提起した環境破壊が人間に及ぼす影響の大きさは、環境問題が存在することの意味を広く知らしめた。水俣病もまた、同様であった。一九七〇年にアメリカでは、農薬が環境に及ぼす影響を示すデータの提示が企業に義務づけられる。同年四月二二日を「アースデイ」として位置づけ、アメリカ国民が環境問題に関心をもてるようにとのイベントが行われるようになった。一九七二年にはストックホルムで初の国際環境会議「国連人間環境会議」が開催され、「人間環境宣言」が採択され、環境問題が人類全体の問題であるとの認識が確認された。

その一九七二年のローマクラブによる「成長の限界」は衝撃を与えた。ちょうど「国連人間環境会議」にあわせた報告書である。報告書の趣旨は、当時の支配的政策、経済成長を先進国が続けた場合、数十年で地球規模の破滅が生じるというものであった。環境問題を当然とする現代においては、このような趣旨に驚くこともないが、当時は衝撃的であった。公害はここで環境問題というステージになる。

物質的豊かさこそ人類の幸福である、との信念が揺らぐことになった。もし環境に対して無知や無関心であり続ければ、生命と福祉が依存する地球環境自体が破壊されるというのだからだ。ここで将来世代のために環境を擁護向上させることは、経済的発展以上の価値があることが示される。近代産業社会は成長の限界に達し、これを突き進み成長を続ければ破滅するという「予言」は強い力をもった。

そもそも「予言」された破滅は近代化の必然であったのだから、近代化および産業化に対する人類的な反省を促す契機であった。そこで、汚染物質の排出削減など環境への配慮、人口抑制、消費の限界の設定、豊かさの指標をモノから心へという政策転換が唱えられる。

「成長の限界」は成長し続けることを疑わなかった近代の転換点でもある。先に言及した快適で便利で、「豊かな社会」の負の部分、エントロピーがあらわになり、人間が対処しなければならないことにようやく地球規模で気づいたということだ。

その後、さまざまな環境問題が生じる。たとえば、自動車の排ガスや大気汚染、フロンガスがオゾン層を破壊するとか、アスベストによる健康被害、環境ホルモンが野生動物の雌化を促進するなどなど。なかには眉唾ものの説もあるし、いつの間にか話題にならなくなったりもする。その意味で、環境問題にも流行があるといえる。現在の一番の〝トレンド〟はCO_2による地球温暖化であろう。

地球温暖化に関する科学的な研究の収集整理を行うＩＰＣＣ（気候変動に関する政府間パネル）は政府間で作られた国際的な機構である。ＩＰＣＣこそが現在地球温暖化が起き、その主原因は人間がエネルギー消費を行うことで発生するCO_2の増加にあるとした最重要機構である。この現象がもたらす問題回避のため、主権国家の連携で温室効果ガスの排出を抑制するよう提起し続けている。ＩＰＣＣの地球温暖化説は多くの人々が信じる定説となり、二〇〇七年には『不都合な真実』の著者アル・ゴアとともにノーベル平和賞を受賞している。

ＩＰＣＣの活動は実際に国連が主導する気候変動枠組条約締約国会議で京都議定書（一九九七年）やパリ協定（二〇一五年）として具体的な形ともなっている。排出量は各国ごとに基準が定められ、達成努力をすることになっている。二〇一七年には米国大統領トランプが離脱を表明し、話題となった。ちなみに即時離脱が可能ではないので、実際に米国が離脱するか否かは流動的である。

このように地球温暖化については非常に多くの人が共有する問題になっている。たとえば、地球温暖化により海面が上昇する、あるいは北極のシロクマが絶滅の危機にあるといったものである。これらのメッセージは強くぼくたちに働きかける。こうしたイメージはＩＰＣＣ、『不都合な真実』、国際的な環境会議や政府機関によってマス・メディアを通じてＰＲされる。なぜなら、カーソンと同様、消費社会が進むことの裏側に産業社会の矛盾があると思われるからである。ぼくたちが安住する社会の表側は大量生産された商品やサービスによって便利で快適にすごすことができる、しかしながら、産業社会はじつのところ、ぼくたちが気づかないうちに、ぼくたちを破滅へと導いていると。このようなメッセージは求心力をもつ。

ところが、地球温暖化が自明な事実であるかは科学的に証明されているとは言いがたい。実際には寒冷化していると主張する科学者もいるし、『不都合な真実』における主張はぼくたちに訴えかけるにしろ、いくらでも反論ができる現象でさえある。温暖化のために気温が上昇するとしても、地球の長い歴史からすれば、過去にいくらでもありえたことであろうし、そもそも人間の生命に危険が及ぶこととはいえない。ただ、現在が正常であるとの先入見や漠とした不安が現象に危機という意味を過剰に与えているのかもしれない、その程度の懐疑は必要であろう。

ちなみに人類の活動によるCO_2排出が温暖化の決定的証拠とされたのはＩＰＣＣの第三次報告が作った温暖化グラフであった。二〇世紀に入ってから気温上昇を示すデータであった。ところが、二〇〇九年にはこのグラフ自体が捏造であることが暴露された。これはクライメートゲート事件と呼ばれる。気温上昇後にCO_2濃度上昇という結果もあり、これでは因果関係が逆になってしまう。

ここで温暖化論を反駁したいわけではない。温暖化論であっても、温暖化否定論あるいは寒冷化論であっても、結局、科学的には実証困難な問題なのではないかという疑問である。とすれば、地球温暖化による脅威論は政治的な問題として考えるべき側面が強い。つまり「なにが真実か？」ではなく「なにが真実とされているのか？」という言説のうえで展開される政治的な駆け引きとなっている。環境問題は科学的予想をもとにした政治なのであり、科学が政治と結びつく格好の事例でもある。

アジアだけではなく欧米と比較しても、日本は省エネ技術に関しては進んでいる。現時点、日本はエネルギー消費の効率化を高水準で実践している。じつは、CO_2の排出削減はそのままイコール経済発展をやめることを意味する。いや、革新的な省エネ技術の開発がなければ、そもそもCO_2削減が困難だということになる。ゴアはCO_2排出が少ないとされた原発推進派であったが、福島第一原子力発電所事故（以下フクシマ）を経験した世界にとって、原発の安全神話は過去のものである。

ちなみに第一次石油危機（一九七三年）のとき、日本では環境基準を世界一厳しくした結果、優れた小型車を開発したということもあった。もちろん、経済発展を望まない主権国家があってもいい。経済的豊かさを幸福とする近代的考えからの離脱もないとはいえない。生活水準をそれほど落とすこともなく、政策的に人口を減らすなど、いろいろな方策はありうるだろう。人口減少は環境負荷を低減する方法だからである。あるいは、環境税としてCO_2排出に税金をかけるなど。

ただ現状は、各国の思惑が絡んでいる。それが如実に現れているのが排出権取引だろう。各国にはCO_2の排出枠が設定される。実状からすれば、厳しい排出枠が設定された国は、他国の排出枠の一部を買い取ることで、乗り切ることができる。そもそものCO_2削減が目的であるという点からして矛盾しているが、排出権はあたかも金融商品のようだ。特にＥＵには排出権取引で儲けたいという思惑が見え隠れしている。気候変動枠組条約締約国際会議で数値目標を積極的に決めようとしていたのがＥＵであるが、すでに排出権取引は大きな経済的利益をあげているからである。

カーソンや水俣病と、地球温暖化の環境問題はなにがちがうだろうか。まずひとつには、公害では加害者側である企業が特定されることである。合成化学物質を製造し利用する企業の責任が問われることになる。それと比して、環境問題は産業全般にわたる問題であり、ぼくたちのすべての生活に直接関わっている。確かに企業がCO_2を排出するにしても、自動車を利用するのはぼくたちであり、環境にゴミを排出するのもぼくたちだ。

ふたつめにあげたいのが環境問題は一地域の問題ではなく、グローバル化されたテーマであることだ。実際、主権国家を超えた国際間の議論が不可欠になっている。また、現在経済発展している国々も参加している。主権国家を超えてグローバル化された経済が当たり前のものとなっている現在、ぼくたちが生きる範囲が国家を超えでてしまうという感覚を作りだす。食やウィルスなども国家を超えることも思いだしてほしい。

三つめにあげたいのは、環境問題は新たな市場を作りだすことである。環境問題自体はここ最近提起された問題である。そうすると、その問題を認識した政府や企業は有効な対処方法を生みだす。新たな問題こそ新たな需要を生む。企業は技術革新を行い、新しい商品を作りだす。政府は環境対策に税金を投入する。つまり、企業はこの問題に対応した商品を供給すればよいのである。そうすれば新しい商品を作りだすことになり、人々は消費に向かう。少なくとも、環境問題に適応しているとのイメージを構築すれば、「エコ」の記号消費が作られる。

実際に環境負荷を低減させるか否かに関係なく、「エコ」という記号を商品が担えば、人々は消費に向かう。たとえば、ギルティー・フリー商品をあげてみよう。ギルティー・フリーとは商品の製造・流通・廃棄過程において、環境負荷が発生しない商品である。つまり、「エコ」な商品だ。途上国が先進国に労働力や資源を収奪されることもなく、使用したあとも環境汚染になることはない。この商品を身につけ、あるいは利用する人々は環境意識が高いことを示すことになる。それは象徴価値であり、他者からみられた自己を呈示する。なぜなら「エコ」は流行している観念であり、自己を善意の者として呈示しうる。加えて、他者からではなく、自らの価値づけとしての記号とさえなる。自分自身がどのような人物か、どのような社会意識を有しているのかを自己評価し確認する商品となる。リースマンの他人指向型の発展形のようであり、行為自体にＰＲ性が組みこまれているのがわかる。結局、消費化のスキームに組みこまれている。

かつてテレビをみていて驚いたことがあった。あるバラエティ番組で、有名なモデルが環境を意識してエコバッグを利用しているというのだが、ファッションにあわせて、いくつものエコバッグを使い分けしているというのだ。彼女はあきらかに環境意識が低いわけだが、現在の「エコ」の受容のありかたを象徴している。

エコロジーは「エコ」として記号化され、消費化を前進させるスキームとなっている。当然のことながら、自動車や家電、電力、建設などあらゆる産業が「エコ」をPRし、企業は「エコ」を自社イメージに取りこみ、結局のところ、ぼくたちは新しい商品を買い、あるいは買い換え続けている。

二〇世紀後半に生じた環境問題は、大量生産と大量消費が結合する社会システムによって産み落とされた。それは大量生産の前に大量採取（収奪）があることを見逃し、大量消費のあとに大量廃棄があることもまた見逃すシステムであった。この見逃された領域が社会に目にみえるようになったのが公害であり、環境問題である。環境問題もまた記号化され消費化のスキームに組みこまれたように、カーソンの『沈黙の春』では、自然の循環を切断することでそこに新たなマーケットができあがり、大量生産から大量消費へというスキームを補強した。水俣病では、チッソの経済的役割がなくなるまで、チッソは化学肥料を作り続け、経済成長に大きな役割を果たした。結局、公害や環境問題が提起した生命や環境と

参考文献

飯島伸子・船橋晴俊『新潟水俣病問題　加害と被害の社会学』東信堂、2006

池田清彦・養老孟司『ほんとうの環境問題』新潮社、2008

石牟礼道子『苦海浄土』講談社、2004

カーソン・R（青樹簗一訳）『沈黙の春』新潮社、1974

カーソン・R（上遠恵子訳）『センス・オブ・ワンダー』新潮社、1996

栗原彬『証言　水俣病』岩波書店、2000

ロンボルグ・B（山形浩生訳）『環境危機をあおってはいけない　地球環境の本当の実態』文藝春秋、2003

いう価値は、これらの現実を踏まえると、経済成長や消費化以上の価値とはなっていない。

カーソンや水俣病では、経済成長のために矛盾点はいわば意図的に見逃された。地球温暖化においても、排出権が金融商品のような役割となることが象徴するように、各国の経済成長に影響がない程度でのみ、環境は対応すべき問題でしかない。現在のエコロジーは、見逃された部分が明るみに出た結果もたらされた思想であるが、結果エコロジーを記号化することによってさらなる消費を促している。

つまり現状、環境問題とは消費システムを上位とする一要素である。と同時に、そこに必然的といってもいいように反省や批判が生みだされる。現状を肯定していいのかと。地球の危機という社会意識は、環境問題を媒介として、批判的な反省や思想の洗練を要求している。

一一章　マクドナルド化と社会の心理学化

マクドナルドなど各種ファストフード、飲食チェーン店、コンビニ、スーパーマーケット、ショッピングモール、娯楽、観光、教育、医療、福祉、都市計画、教育、家庭生活、冠婚葬祭など、あらゆる分野で高度に進んでいる合理化を総称して、社会学者ジョージ・リッツァ（一九四〇―）はマクドナルド化と命名した。マクドナルド化とは、リッツァによるウェーバー合理化論の継承発展であり、「ファストフード・レストランの原理がアメリカ社会やその他の世界の多くの領域を支配しつつある過程」とする。マクドナルドは現代の合理化された世界の象徴として採りあげられている。

すでに述べたように、ウェーバーによれば、近代化とは世界のあらゆる領域を合理化していく過程であるが、ウェーバー自身がその代表として論じたのが官僚制であった。そして、つぎに来るのが産業におけるフォード・システムである。本書で、コミュニケーションの合理化例として、ＰＲやマス・メディアを採りあげてきた。それに加え、コントロール困難だと思われていたサービス業を合理化した象徴がマクドナルドである。リッツァは消費や日常生活にまで合理化が浸透していると指摘する。ちなみにマクドナルドの創業は一九四〇年、本格的にフランチャイズ展開を開始するのは一九五四年である。日本第一号店は銀座で、一九七一年であった。

合理的世界の進展

合理化	フォーディズム	マクドナルド化	心理学化
●官僚制	●工場（生産過程）	●消費・日常生活の効率化	●感情マネジメント
●精神のない専門家	●労働の機械化	●合理化の非合理性	●カルト化／再魔術化

フォードが生産の場を、マクドナルドが消費の場を合理化したのだが、両者ともに製造ラインがベルトコンベア式であり、徹底した製造過程の分業と品質管理、効率的な作業環境の整備を行う。周知のとおり、マクドナルドの商品はマニュアル化され、素人でも作れる。食べものが工業製品のように作られており、これは近代になってからの大きな変化だ。ぼくたちの口に入れる食べものは母親の手によるものか、あるいは共同体で作られたものから変化し、産業が関わる度合いが増加し、商品となり、工業製品になったからである。

加えて、マクドナルド化ではかつてウェイターやウェイトレスが行っていたサービスを消費者自らが行うという点で効率的な方法になっている。代わりに、ぼくたちが自ら商品をテーブルに運び、食事が終われば、所定の場所にゴミを捨てる。さらに食事時間は短く、効率的な食事となる。この効率性の追求はファストフードを超え、生活全般に及ぶ。

マクドナルド化の原理は形式合理性である。①効率性、②計算可能性、③予測可能性、④テクノロジーによる制御（脱人間化）を指す。

まず効率性であるが、目的達成手段の最適な選択を行う。マクドナルドの場合なら、空腹を満たすことでも考えればいいだろう。客のための効率性と組織のための効率性があり、それは競合したり矛盾することもあるが、食事を自動車の組み立てラインのように整理し効率化が達成される。

特に客が一部従業員の役割を果たすのは、すでに指摘したとおりである。

つぎの計算可能性は、計算や定量化が可能であり、量的側面の重視として現れる。質は量に置き換えられ、量の大きさが品質の保証のようになる。たとえば、コーヒーの量が多いことで得をしたような気にさせるなどのことだ。より多くの商品をより早く提供することが望ましいという思想である。従業員の労働量、商品提供の速さ、商品の大きさ（重さ）は正確に測られ、人々は量に注意を向ける。

予測可能性は、提供されるサービスや商品はいつでもどこでも同じという保証である。マクドナルドであれば、言葉の通じない場所であっても、客はなにが出てくるのか簡単に予想できるし、そう期待するだろう。従業員の行動もマニュアル化され、客もわかっているため、予想した行動が可能となる。従業員も客も台本があるかのようにふるまう。客にとってそれらが快適性の保証である。

最後のテクノロジーによる制御（脱人間化）とは、テクノロジーによる人間のコントロールである。単純作業のためのシステムが開発され、労働者はシステムに従属する。従業員には若い者が多く、かれらはマニュアルどおりに働くよう訓練される。マニュアルもまたテクノロジーである。そして、店長や指導員がかれらの業務を監視する。あるいは、カメラやコンピュータなどのテクノロジーが業務の確認、指導を行う。それだけではない。かつて採られた方法だが、座り心地の悪い椅子を置くことによって、客の回転率をあげようとした。いわゆるアーキテクチャの利用である。モノの設計や構造によって人をコントロールすることだ。もちろん、これは一例にすぎないのだが、アーキテクチャを利用すれば、従業員と客両者を一定方向に向かわせることになる。

マクドナルド化では従業員と客の接触が最小限になる。そのため両者の関係は一瞬でしかない。かつて常連客という言葉が示すように、飲食店の従業員と客は顔見知りになったり、仲よくなったりすることがあった。しかし、注文し、商品を受け取り、料金を支払うだけの接点では、親しくなる機会が訪れることはまずない。これもまた効率化であるが、人間関係の希薄化が生じるため、リッツァは脱人間化とさえ指摘する。

先に採りあげたフランス革命のときのカフェは公共圏となり、市民のコミュニケーションの場になった。しかしながら、マクドナルドに代表される飲食チェーン店を公共圏としてみいだすのは難しい。もちろん、気のあった仲間同士が集う場所ではあるが、この小さな仲間集団はほかの仲間集団やその飲食店にいる別の人々とのコミュニケーションの場にはなりがたい。日本のマクドナルドでは一人で食事したり、勉強する利用者をよくみかけるが、市民社会を支えるコミュニケーションの場とは言いがたい。また従業員同士の関係をみても、長く働く者がいることは事実だが、平均して短い期間になる傾向が強い。そうすると、パーソナルな関係が発展することも難しい。

しかし、パーソナルな関係が希薄であることこそが、マクドナルド成功の要因である。よく知られているように、マクドナルドではパート・アルバイトなどの非正規社員の比率が非常に高い。これこそ利益率を増やす重要な要因である。リッツァによれば、マニュアルが理解さえできれば特別な技能を要求されないし、仕事に関して創造的であることは求められないという。ただ、仕事は忙しい。過酷でさえある。ここに仕事に対する不満が生じる。高い欠勤率や離職率につながる。だからといって、これ自体はファストフード店の大きな悩みではない。なぜなら新たなパートがすぐに補充可能だからだ。

このような労働状況は個人的関係を結びつけないだけでなく、場所が公共圏のような社会関係資本としての機能を果たすことは難しい。社会関係資本とは、地域や社会、あるいはさまざまな集団のなかに内包される人々の間にある信頼や結びつきである。社会関係資本を欠くと社会的に孤立している人物ということになる。そもそも社会全体がひとつのマクドナルドの店舗のようになるのだから、社会関係資本を失っていく。かつて飲食店であっても、さまざまな小売業であっても、そこでは近隣の人々が集まり、コミュニケーションし、情報が集められ、共有された。しかし、マクドナルド化は注文、商品の受け取り、料金支払いだけの接点にコミュニケーションを限定させようとの力が働く。マクドナルド化の原理のひとつである効率化は、コミュニケーションをも効率化し、経済活動以外を排除するため、人々の結びつきがあるようにみえても、あくまで企業の経済活動で求められる効率化での結びつきとなってしまう。

そもそも飲食店のサービスは、オーナーや店員の姿勢により千差万別であった。そこでサービスをマニュアル化した。つまり店と客のコミュニケーションを観察し、それらのパターンを洗いだし、両者の行動を事前に予測し、台本を設定した。結局、どのようなコミュニケーションになるのかは、事前におおよそ決まっている。私見ではあるが、マニュアルが徹底している店舗に行くと、店員は客とコミュニケーションしているのではなく、マニュアルとコミュニケーションしていると感じる。

リッツァはほかにも問題点を指摘する。マクドナルド化の帰結は合理性が非合理なものを作りだすことである。代表的なのが、環境に対するマイナス効果である。マニュアル化された調理のため、たとえば、形のそろったジャガイモを生産する必要が生じる。そのために化学薬品を使用するし、規格にあわないものは廃棄される。また、工場での調理過程においても薬品が多く使用される。食べものである前に工業製品なのである。あるいは、人件費削減などの目的で、店舗での洗いものを少なくする。そのため紙を食器代わりに使うが、紙製造のために森林伐採が行われている。この状況が地球温暖化に直結するなどと早計な判断をする必要はないが、食という文化の変容はみてとれる。

また、工場から店舗へと商品の輸送を頻繁に行う。それは在庫を抱えない、新しい商品の提供の実現として一面合理的ではある。しかしながら、リッツアが指摘するところでは、トラックが何度も往復しなければならず、交通量が増え渋滞を引き起こしたり、排気ガス問題や大気汚染の一因ともなる。

しかしながら、マクドナルドは大きな成功を勝ちえた。それは先の四要因以外に、従業員のうちのパートやアルバイトなどの非正規社員の比率を高め、利益率をあげたからである。仕事を分化し、効率化することによって、単純作業のパートタイマーが企業を支える。リストラや派遣社員などの非正規雇用の増加を加えれば、これもまた企業にとっての合理化である。加えて、コンピュータやインターネットの発達は、雇用形態を多様化し、派遣などのアウトソーシングを容易にした。こうして、労働条件の決してよくない仕事が大量生産される。その意味で、社会全体がマクドナルド化体制なのである。

もちろん、マクドナルド化は絶対というわけではない。プレモダンな自営業の飲食店もあり、人気を博しているところもある。マクドナルド化の反動として、スローフードや古民家再生のようにマニュアルや効率性とはちがう価値観を求める動きもある。その意味で、マクドナルド化はより複雑な社会を理解するモデルであり、それと反する領域が競合しているのが現実であることは確認しておく。

さて、日本でマクドナルドといえば、「スマイル０円」を思いださないだろうか。一時、メニュー表廃止とともに「スマイル０円」はなくなったが、不祥事（二〇一四年頃の異物混入や消費期限切れ鶏肉問題）に伴う信頼回復のために復活した。

ところで、労働は身体が担うものでなかったろうか。ロックは身体が関わることによって生産されたものに価値が生じるとした。これは近代の原理である。しかし、笑顔というのは精神活動の表れである。ゆえに、「スマイル」が労働であるということは、マクドナルド化と並行して、こころも労働することを意味する。「０円」だから価値がないのではなく、あえて表現するということは、そこに付加価値があらわになり、セールスポイントにまで高められたことを意味する。

こころが労働するのは、なにもマクドナルドだけではもちろんない。マクドナルド化が進む領域ならどこにでもみられる現象であり、ぼくたちはそれを当然と思っている。フォーディズムのなかの労働者と比較すると、そのちがいが浮き彫りになる。かれらに笑顔が要求されることはなかった。かれらは感情をコントロールしようとはしていなかった。あくまで仕事量が問われたのであり、むしろ笑顔は叱責の対象とさえなっただろう。

ところが現代社会では、こころが、感情が労働をしなければならなくなった。小売店や飲食店、医療や介護の世界にも要求される。よい接客が売り上げアップと直接結びついているかのような理解さえなされている。いまや、労働者は肉体労働から感情労働をしなければならない立場になったのだ。

たとえば福祉の現場では、食事や排泄の世話をするだけでも大変な仕事ではあるが、労働者が他者の生と向きあうことから、自らの内面まで労働として提供することがしばしば要求される。そのような労働を「魂の労働」と呼ぶ。「魂こめて」は比喩にすぎないが、事実として、「こころのこもった」感情を職業倫理とする風潮もあるため、精神的な負担は当然高じる。確かに「こころのこもった」仕事は正しいように思われるため、努力を惜しまない者も多い。さらに、そこから逸脱する感情は排除される。

フォーディズムのなかの労働者が肉体を酷使すれば、不運にも仕事中に怪我をすることもある。そのとき、身体の疾病に見舞われる。場合によっては、障害が残る。その社会保障として労災保険がある。では、感情労働で精神を酷使すれば、どうなるだろう。当然だが、精神の疾病に見舞われる可能性が高くなる。だが、精神疾患は労働が原因であるか一見わかりにくい。そうすると、社会保障の対象になりにくいという問題もある。

アーリー・ホックシールド（一九四〇―）は、感情の種類や程度を変化させようとする試みを感情マネジメントと名づけ、サービス業全般に広がっていると指摘する。当事者が抱えるこころや感情とは別に表情をつくり、対峙する第三者、大抵は客であるが、かれらを心地よくしようとする技術である。感情を対象とするため、その教育資源は心理学に求められる。もちろん、感情マネジメントは職種によって要求される側面をもつため、昔からあった。共同体意識に埋めこまれた知恵であった。しかしながら、感情マネジメントが社会全体を覆うのは、サービス業が拡大する二〇世紀後半になってからである。つまり、脱埋めこみ化現象である。

よく知られたとおり、日本の百貨店では、開店前に挨拶の練習を行う。「いらっしゃいませ」「ありがとうございました」と唱和するシーンは、海外メディアでも採りあげられ、日本の接客の優秀さが誇張される。そこで笑顔で挨拶する習慣が培われる。もちろん、かれらのこころの底から笑顔が現れるのではない。実際、感情労働で表現された感情が真の自己とならなければならないとしたら、その負担はあまりに大きい。そのために感情労働をしているとき、自己の人格とは別ものとして扱う。ゆえに声のトーンが少し高くなったり、営業スマイルになるのであり、普段の自分とはちがうふるまいになる。よって、営業スマイルを偽ものと断罪することもない。みせかけであるからこそ、客もそれほど注意を払う必要もないわけだ。サービスの一環として割り切ることができる。

じつは、感情マネジメントを接客の技術として意図的に取り入れたのは、アメリカであった。その典型は飛行機の客室乗務員に対してである。客室乗務員も人間であるから、いろいろな感情をもつはずだが、感情マネジメントによって自らの感情をコントロールする。失礼な客、面倒な客も当然いる。しかし、企業は客室乗務員に心から笑顔で接するように教育を施し、感情マネジメントを身につけさせる。ちなみに失礼な客は「不適切に扱われた乗客」と位置づける。客が悪いのではなく、接客がよくなかったとする。この客の位置づけは、客への否定的な感情を抑える規則を作りだす。これはマクドナルド化のテクノロジーによる制御と重なる。

この規則は、私のこころが他者に対応すべきというものだ。これが規範にもなり、問題が生じれば他者が悪いのではなく、私の能力が欠けているとして、個人の責任を作りだす。ここにはクライアントや消費者優位の世界観が座し、労働者は感情コントロールを実践し、この価値意識を補強する。感情は人間の内面から自然にわきあがってくるものだったが、望ましい感情を設定して、その感情を実現するように内面の感情にふたをする。結果として自然な感情を抑圧する。感情の目的合理化だ。

実際に迷惑客の問題解決は、こころの問題として捉えてこころを変容させることにあるのではなく、双方のコミュニケーション形式の変化から接近するべきだろう。ここにはサービス提供を行う労働者と消費者の間に非対称性がある。両者は共同体の一員としてあるのではなく、消費者の優位が前提となった世界にある。仮にコミュニケーション形式を変化させる試みがなされれば、消費者優位という秩序を揺るがすことにもなりかねない。そこで、感情マネジメントは相手を尊重すべきという人格崇拝の原理に則しているため、正しい行為とのみせかけを作る。結果、感情マネジメントは現代社会における不可欠な地位を示し、「管理されるこころ」を構築する。

そのため、感情労働はみせかけとして行えばよいという内的規範を揺さぶってしまう。ついには、「こころのこもった」「真ごころ」の応対が要求され、消費者の感動を呼ぶ接遇まで要求される。

ゴールドマンは人の情動メカニズムとそれをコントロールするスキルの重要性を説き、「感情の知性」（EQ／Emotional Intelligence）という概念から、感情コントロールをいくつかのステージに分けて、その実践モデルを提示している。人間の能力の差は自制、熱意、忍耐、意欲などを含めたEQによるとして、感情（こころ）を数値化し、その評価をする。

第一に重要なのは感情の自己認識になる。自己の感情をありのままに自覚することを重視するが、否定的感情がある場合、それは感情の自己認識が欠如しており、内省しなければならないとする。先の客室乗務員のように、怒りの感情はコントロールされ、否定的感情は放棄される。人生のあらゆる局面で応用可能であり、感情を自己認識し、自らの人生の主体的な選択を行うことが可能であるとする。このとき、人生の目的や成功、あるいは自己実現が目指される。

第二に感情マネージがあげられる。その場にふさわしい「適切な」感情をもち、他者と気分よくすごすことができるスキルである。抑鬱や悲しみをコントロールするため、自分よりつらい状況におかれた人を思い浮かべるというスキルさえも述べられている。加えて、目標に向けての自己動機づけ、他者への共感、対人関係のスキルの重要性が主張される。いずれにしても、感情次元での目的合理的コントロールが重視されるスキルである。他者への共感は当然のことのように思われるが、結果として共感するのではなく、目的として要請されるのであり、それができるか否かがスキルとして評価される。

先の感情マネジメント同様、「感情の知性」もまた自然な感情を抑圧し、自らの感情を目的合理的な道具として利用する。そのとき、自己実現や他者への共感を目的とした知見が心理学的に練りあげられる。自然な感情というものがあるのかと問われれば、確かに疑問はある。しかしながら、感情の多様さからすれば、適切な感情へと縮減し、統制することになる。心理学者から、このような心理学の利用に対する異議申し立てはある。ただこのような知見は通俗化したり、企業に利用されることになる。なぜなら、労働者を方向づけるのに効率的な方法であるからだ。たとえばEQでいうと、会社に否定的感情を抱いているとすれば、誤った感情であるから、会社という集団の、そして、自己の成功という目的から内省し、適切な感情へとコントロールし、目的に進まなければならないわけだ。

感情労働の増加の背景には、心理学的な知の欲求と心理主義がある。心理主義とは、こころ（気持ち）が大切であるとの価値観であり、その価値観から生みだされる技法が重要であるとする立場を指す。この価値観は「共感」「気持ち」「自己実現」「傾聴に基づく共感」として表現され、心理主義は現代社会を特徴づける生活態度（エートス）になる。通俗化した知見は対人関係をあつかうビジネス書、心理学者や心理療法士（カウンセラー）が編纂したハウ・ツー・モノ、自己啓発書などに散見できる。あるいは、トラウマという概念がその社会的性格を放棄し、通俗化したり、ＰＴＳＤ（心的外傷後ストレス障害）やアダルトチルドレンなどを社会的な病として通俗化し流通したり、社会的問題を抱える者にカウンセラーが配置されたりと心理学が汎用される。心理学的知こそが自己を形成し、現実を理解する資源となる。心理主義を積極的に欲望する社会の成立である。これを社会の心理学化という。

ここで、こころが大切ではないといっているのではない。心理主義を自明とする社会状況を問い返すこともなく、心理学が現在の社会を固定化する装置になっていないかとの危惧がある。たとえば、感情労働をうまくこなせない者は社会から排除されたり、罪悪感を覚え自己責任に苛まれる。とすれば、ここに現れる規範に全面的に賛成できるはずがない。ＥＱに典型的にみられるように、人間関係の困難を一方の認知的能力で対応可能とするものであり、計算合理的な知にも限定されている。

ホックシールドは感情労働、感情マネジメントの実践が現代社会の宗教となっている面があると指摘する。というのは、自らの感情を肯定的体験として位置づけようとする意識が感情労働の場面を超えて、現代社会に広まっているからだ。たとえば、ポジティブ・シンキングのような肯定的な感情を称揚する社会的雰囲気があるし、楽しさや満足といった心理的な報酬によって労働を肯定しようとする。そうすると、労働もまた楽しさという金銭以外の報酬を目的化する。また、人間関係や労働現場で「勝ち組」となり、強い自己を求められる社会では、重要なスキルとして、適切な感情表現なるものを設定し、自らをマネジメントする能力があげられる。

心理学化された社会では、ゆえに労働が宗教化する。そもそもウェーバーが指摘したように、近代の労働はプロテスタンティズムの宗教的献身からはじまった。勤勉こそが資本主義のエートスであったように、感情労働をする社会になっても、同様に勤勉であることを要請する。飲食業やサービス業において、企業は労働者に献身を要求し、労働者はその報酬として、心理的報酬や自己実現を夢みる。そして、この献身と報酬は社会全体に広がる。ついには、感情マネジメントにおいて、楽しみ、喜び、満足は宗教的要請のような外形性を帯びる。加えて、肯定的な感情労働は企業利益につながる。このような心理的報酬は魔術になっている。

樫村愛子（一九五八―）は企業的共同性がもつ宗教性の現代版として、マクドナルドカルト、あるいは企業カルトという概念を提示している。通常の宗教が一般社会とかなりの程度適合的であるのとはちがって、カルトは反社会的性格をもつため、現代社会が抱える病理現象である。そのため、宗教的体験が人々の人生に破壊的な作用を起こす。このようなカルト概念を援用することによって、企業的共同性がカルト宗教のように、人々の人生に破壊的に作用する場合に適合する概念が企業カルトである。

そもそも企業には企業文化があり、企業内部で作りあげられた幻想を少なからずもつ。その幻想が一般社会と適合的である場合がほとんどであり、外部の人々からもその社会性や人間関係に一定程度の妥当性があると評価される。かつてなら高度経済成長期の松下（現パナソニック）やホンダなどの会社組織のありかたや、その創業者のカリスマ性が企業文化を作りあげ、内部の人々が信奉したように、外部からも評価され、企業運営に取り入れられるといった現象にみられたことだ。

企業カルトに関して、樫村は仏社会学者ヴェベールのマクドナルド体験の分析を採りあげ、マクドナルドのマネジメントに現代企業の制度化の典型をみいだす。ヴェベールがマクドナルドで働いたのは大学院の受験時代であるという。従業員の六〇%が学生、平均年齢は二二歳未満、単純作業中心で仕事もきつい。しかし、かれはこの仕事に情熱を抱くようになる。

三つの時期に分けられる。第一の時期は参加である。仲間のなかに入り仕事を覚えていくと、自分の場所を確保したという実感をもつ。これはメンバーとして、帰属を欲望する時期である。若者の比率が多いため、若者集団の公共性の拠点となる。仲間に入れるか否かというのは不安であるため、積極的にメンバーの一員になろうとするが、公共性としては限界をもつ。効率的な仕事に限定される公共性であるし、外部への広がりをもたないからだ。ましてや、はじめての社会体験であり、マクドナルドの価値規範は社会の確固たる規範のようにみえる。かれらにとって、家族や学校ではない、はじめての社会がマクドナルドなのだ。実際には、従業員は交換可能な存在ではあり、内部にのみ相互依存的な関係になる。

第二の時期は融合である。パフォーマンスが評価され、組織が優秀とする基準に適合し、個人は成功を志す。自分に対する信頼の感情も高まり、組織に融合する。マクドナルドの従業員は集団のなかに埋没しているため、個人の理想を集団の理想へと置き換えていく。しかしながら、集団の理想は想像上の理想であり、じつは存在しない。互いの現実をつきあわせると矛盾し背反するものでしかなく、個人が自らを捧げるための構築物でしかないのである。

第三の時期はイマジネールである。イマジネールとは他者に想像的に同一化することであり、従業員は組織システムに想像的に同一化し、大きな信頼をもつため、融合感情が持続する。しかしながら、問題はこのイマジネールなものが空虚であることがわかり、現実と離反してしまうことである。つまり、マクドナルドのありかたが正しいと信じていた者が、その空虚さを自覚し、これまでの体験を否定する場合、個人の人生に破壊的に作用してしまう。そこにあったのは真の理想ではないし、連帯もまたみせかけである。この意識は従業員間で共有することもできないのだから、精神的苦痛に閉じこめられるにちがいない。

もちろん、マクドナルドにも醒めた労働者はいるし、短期間の労働であれば、大きな影響を受けない。ほかの労働との比較を行える経験があれば、相対化もできるだろう。しか

参考文献

樫村愛子『「心理主義化する社会」の臨床社会学』世織書房、2003

樫村愛子『ネオリベラリズムの精神分析――なぜ伝統や分化が求められるのか』光文社、2007

小池靖『セラピー文化の社会学――ネットワークビジネス・自己啓発・トラウマ』勁草書房、2007

ゴールドマン・D（土屋京子訳）『ＥＱ――こころの知能指数』講談社、1996

フレイザー・J（森岡孝二訳）『窒息するオフィス――仕事に脅迫されるアメリカ人』岩波書店、2003

森真一『自己コントロールの檻』講談社、2001

リッツア・G（正岡寛司訳）『マクドナルド化する社会』早稲田大学出版部、1999

リッツア・G／丸山哲央『マクドナルド化と日本』ミネルヴァ書房、2003

し、マクドナルドで働く経験には、先の感情マネジメントを含む、労働者を自主的に労働にコミットさせるための方法論が組みこまれており、かれらは献身してしまう。ついには労働環境全般に、同様のマネジメントが待ち構えることになる。

ここに近代が、あるいは理性が対象とする領域がついに人間のこころや精神にまで及び、社会全体を覆う。しかも、自覚的にだ。一九世紀後半に心理学や精神分析というこころを対象とする科学や思想が生まれた。本書で再三指摘したが、テイラーの科学的管理法、フォーディズム、メイヨーの産業心理学は労働者の労働効率の追求を行い、資本主義社会での生産性上昇をなしとげた。需要の多様性から融通性のある生産方式を採用したポスト・フォーディズムもまた、消費者の心理を読み解き、新たな水準での効率性を達成する。マクドナルド化では、生産プロセスだけではなく、消費プロセスと日常生活全般を目的合理的に編成することに成功した。そして、ついに近代は人間のこころをコントロールする欲望を現実化し、こころはシステムにとって効率的な資源になった。

一二章　リスクと新自由主義

科学は人間に敵対するものまで作りだす。先の環境問題もそのひとつだ。そこに近代の矛盾が現れている。近代は当初このような事態が生じることを予想していなかったし、自覚していなかった。科学やそれに基づく知識は、自然や社会を正確に把握するための成果であり、人々がより安全に生きていくために存在する。ぼくたちはそう信じている。正確な知識はより正確性を求め、専門化していく。そのために、ぼくたち民衆には理解しにくくなるが、目的としては、人間が幸せになることであったはずだ。

ところが、科学が発達したり、知識が増大した結果、リスクが生じる。科学や知識が人間を幸せにしたといえるかというと、どうやら疑問のようだ。副作用があるからだ。それが現代の一側面である。

さて、仮の話ではあるが、ある学校が地震で倒壊したとしよう。当然のことであるが、耐震化に関する法律があるため、それに則って建物は建設されているはずである。ところが、調査の結果、耐震化に関して手抜き工事を行っていたことが発覚してしまう。この場合、だれの責任になるであろう。当然だが、手抜き工事に関係した者たちである。関与度のちがいによって、かれらの責任の度合いが決定される。このとき、学生が瓦礫の下敷きになり被害を受ければ、親は学校や工事関係者に社会的責任を問い、損害賠償を要求できる。

ところで、地震に対する建築基準などないはるか昔、地震で建物が倒壊したとしたら、だれの責任であったろう。もちろん、だれの責任でもない。人々は天災とその不幸を受け入れるしかない。人が亡くなったとして、だれかに責任を問うことはありえない。不運なだけである。

かつて地震は自然現象であった。現在ももちろん自然現象ではあるが、それだけではない。自然現象に対処する科学や知識が組みこまれたうえでの現象に変容しているのである。地震はその予防や対策を組みこんだ人為的な現象のようにみえてしまう。そのため、被害や責任は地震や防災の知見から弾きだされる。このように、結果についての責任が当事者の間で分配されなければならない状態をリスクという。ドイツの社会学者ウルリッヒ・ベック（一九四四—二〇一五）が提唱した概念であり、成長や豊かさに代わる現代社会を理解するためのキイ・ワードである。前近代社会においては、リスクは基本的には存在しない。なぜなら天災のようなものは、人間の企てとは無関係に起こるのであり、人間の外側から襲いかかるものであったからだ。このとき、リスクではなく、危険があった。リスクは人間の営みや企てに伴って起こる。もちろん、この営みや企ては科学や知識によって構成される。その成果としての技術も。ゆえにリスクは危険に人間が対処しようとした結果生みだされた第二の〝危険〟であり、危険対処の方法、つまり科学や知識による副作用である。

ぼくたちが生きる世界はすでに自然環境それ自体ではない。自然環境のうえに科学技術という人為的環境を覆わせた世界、つまりこの第二の自然のうえに生きている。一見すると安定的にみえる日常は科学技術の進展により作られているのだが、じつは見通しのよい安定性をもちえなくなっている。普段は忘却しているが、なにかの拍子に危険が現れてくるため、現代は不確実性を増大させていると感じてしまう。ゆえに、人々は常にリスクを意識した行動をとらざるをえない。

リスク社会とは近代化の意図せざる結果である。理性が推進する社会は「豊かな社会」や成長を実現した。繰り返すが、ぼくたちはそれらを享受している。しかし、その裏側には理性が予期することのできない事実が待ちかまえていた。

近代化は「豊かな社会」や成長を目的とした。もう少し身近な感覚に引き寄せれば、安全、安心、快適、便利な生活を目的とした。ところが、人間が安全な世界を構築しようと努力した結果、社会そのものを脅かすリスクや不安を呼びこんでいた。

前近代社会において、本来的な意味でのリスクは存在しない。病気、飢饉、自然災害など、つまり危険が運命として降りかかってくるので、事前に心配しても仕方がないとの認識にある。あくまで人々は伝統に従って行動をとることを期待されており、自分の人生を選択するという意識は希薄であった。

さらに科学が知識を独占する。伝統的な知識、生活に根ざした知識は後退する。自然科学を模範とした合理的思考こそが知識の地位を確保する。政治もまた科学によるうしろ盾が必要になる。経済学や自然科学はその代表である。なにか政策を決定するには、合理的な方法によって企画され、その結果が予測可能でなければならない。そうすると、科学の非政治性は後退し、科学による知識の独占と政治による知識の独占は同じ現象の裏表になる。近代化の副産物である。

近代社会が作りだしてきた豊かさや成長は、いまやリスクに置き換わる。ベックによれば、近代は産業化の時代であったが、近代社会の再帰性が高まり、質的な変化が生じたという。その変化がリスクである。

ベックがリスク社会論を世に問うたのは、ちょうどチェルノブイリ原発事故（一九八六年）の直後であった。一九六〇年代以降、核兵器の脅威は冷戦構造とあいまって世界最大の問題であった。核のコントロールは知識人にとってもちろん重要な課題であったが、そこで主張された解決策はおおむね理性に委ねること、人間の倫理への信頼であったように思われる。つまり、理性はコントロールできると。ここに理性自体への批判性がないことは確認しておきたい。技術的進歩が社会的進歩であり、科学技術も法を含む社会技術もその一環であった。技術革新が人々の生活を豊かにする。仮に負の効果があるにしても、豊かさのためにはほかに道はないと。

六〇年代以降、それまでの技術や経済が非政治的性格、政治的中立性を保証しているとの見方が転換する。先の環境問題でも触れた。実際に政治は経済に介入する。典型は福祉国家である。ここで政治は介入国家としての権力を自明のものとしていく。政治が経済や技術と手を組むシステムができあがるわけだ。かつて非政治的であったものがいまや政治的になる。

近代社会は産業化を基礎とするが、ベックは七〇年代以降、階級社会が変質してリスク社会になったという。階級社会は周知のとおり、社会的に生産された富が不平等に分配される。したがって、この問題の解決に向かおうとする。ところが、リスク社会ではちがう。放射性廃棄物によるリスクは、人類全体に対する包括的リスクである。また、このような科学的な問題は、たとえば有害物質を思いだせばいいが、生活のなかで一般の人々が認識することは難しい。このリスクは科学者のみが認識可能な化学式や複雑な理論によって表現されるし、その認識が妥当であるかすら不明な場合がある。リスクは科学が媒介しないと認識されない。

富裕層も権力を有する者も、リスクの前では安全を確保できない。たとえば、フクシマを経験したぼくたちにはわかりやすいことだが、リスクは健康に対する危険に留まらず、利益や所有、権限にまで及ぶものとして現れる。とすると、階級とは無関係にリスクは影響を及ぼす。

しかしながら、リスクもまた資本主義に内包される。なぜなら、リスクが新しい需要になるからである。たとえば、地球温暖化はグローバルなリスクである。ゆえに、地球温暖化に対応するための新しい技術開発や知識が求められる。先に指摘したとおり、「エコ」は記号にもなる。結果、限りなく自己増殖する欲望の重要な一側面となり、資本に貢献さえする。つまり、先に述べた安全という欲望に、あるいは安心という欲望に適合するからだ。

結局、リスクは階級社会を強化する。富が上層に集積されるのに比して、リスクは下層に向かう。上層はリスクを回避する技術や知識を利用しうる資源を有するが、下層は生活が困窮していればいるほど、リスク回避のために資源をもてない。だから、現代の自由はリスクからの自由でもある。たとえば、有害物質で汚染されている土地に住んでいる者はその有害物質の影響にさらされる。実際に影響があるかもしれないし、ないかもしれない。ひょっとしたら、深刻な影響があるかもしれない。富を有していれば、この土地から容易に離れることができるが、下層にある者はそこに留まるしかない。リスクへの対処は、所得や教育によって平等に分配されるわけではないのだ。当然、下層にある者は不利になり、旧来の階級社会はより強化される。念のために断わっておくが、危険だとわかっていても、土地を離れない者もいる。

リスクの特徴はその影響を実際に算定しがたいことにある。ある有害物質がどの程度の影響を与えるかは、年齢、性別、職業、収入、教育、あるいはかれらがそれまで生きてきたなかで獲得してきた慣習によって異なる。統計処理によって、危険度が何%として表現されたとしても、諸個人の特性をすべて考慮できないし、有害物質の蓄積量は算定しがたい。このような確率として表現されるにもかかわらず、原理的には測定不能である点は見落とされる。ある有害物質が問題ないとされたとしても、長期的に蓄積した場合、あるいは環境がどのように変質し影響を与え続けるのかは、科学において明らかになるとは言いがたい。つまり、真理は確定されない。ぼくたちは食品のなかに化学物質が入っていることを知っている。そして企業は基準に沿って、問題ないとする。確かに問題はないかもしれないが、長い生活史のなかで蓄積された場合、人類が自然環境に何万年もかけて適応してきたことが、ここ数十年の環境変化と整合的と言えるかは、確かな知見を作りあげることができるとは思われない。少なくともリスクがゼロというわけではないだろう。

これまで繰り返してきたことであったが、日常生活では伝統に従い、親の職業を継承し、結婚や子育ても同様であり、計画するまでもなく共同体は機能する。近代では科学や医療の進歩がこの意識に変化をもたらした。社会が知識社会化したのである。近代社会は伝統に従わないことが常態の社会であるから、人間は自由であるとの理念を獲得し、自分の人生を自分で選択することをよしとする。ゆえに、規範は変えることができるし、変えるべきであるとの自覚を前提として、規範を不断にモニタリングし修正調整が施される社会になる。

先に採りあげた地震を例に考えてみよう。地震の被害や不幸を天災とするとき、危険として人々は理解した。しかし、その危険を科学や知識で回避することができるとしたとき、危険はリスクへと転化する。そのリスクの低減のために科学や知識がまた利用され、望まない結果をある程度回避することができる。ただ完全に安全を確保できるわけではない。知識や科学の利用を怠ったり、あるいは人間の想像を超える自然の脅威がある限り、必ずリスクが控えているからである。

リスクの低減は、結局望まれる安全を実現するわけではない。なぜならリスクが現実化する場合、個人にとっても、あるいは社会にとっても致命的であるからだ。最悪、死に至りさえするし、都市の崩壊もありうる。3・11とフクシマを経験したぼくたちには理解しやすいことではないだろうか。

安全とは、ぼくたちがイメージとして思い描くリスクの生じなかった状態でさえあるから、近代社会は安全安心を保証しないようにみえてしまう。さらにリスクを考えてしまえば、だれに責任があるかを明確にしようとの意志が働く。よって、実際に現実化する確率は小さいにもかかわらず、責任回避に人々は向かうことになる。ゼロに近い確率しかない事象がわが身に起こるとすれば、不安や理不尽であるとの気持ちをただ増長させる者も多いだろう。

つまり、現代社会は安全や安心の確度をあげ、危険を回避する成果をあげるものの、常にリスクの有責状態に置かれてしまう。近代以前の危険という無責任にもどることもできず、安心安全という責任からの解放も閉ざされてしまう矛盾状態に陥る。結局、リスク社会は責任を拡大し不安を意識させる。

リスクはグローバルな規模で働く。グローバル化は一九九〇年代に一般化された言葉であるが、地球上のある場所で起きた出来事が世界中の離れた場所の社会的営みに影響することである。特に九〇年代以後冷戦構造の終結とともに、情報化の進展、自由主義経済の拡大にともなって多国籍企業が増加する。ちょうどこの頃、多国籍企業はグローバル企業と呼ばれるようになる。特に経済のグローバル化では、経済活動の拠点がいくつもの国の主要都市を中心とし、多くの国に工場、販売店、事務所を置き、各国のニーズにあった商品の生産と提供を行うという変化が如実になった。

リスクのグローバル化という点では、地球温暖化、放射能汚染、有害化学物質の移動、遺伝子操作、生物多様性の危機など、これらが地球規模で生命に影響を与え、生活環境を脅かすことがあげられるが、当然、企業活動のグローバル化と並行して生じた現象である。

加えて、このような生態学的なことに留まらない。労働もまたリスクとしてみいだされる。先進諸国の労働者の賃金上昇は企業の負担になる。そのため、企業は低賃金の労働者を求め、開発途上国に工場などを移転する。つまり、労働市場のグローバル化である。このプロセスは社会的なブーメラン効果を生みだす。先進諸国における労働市場の空洞化である。

ここで、労働のリスクを考察するため、新自由主義について触れておこう。

新自由主義とは、自由市場と自由貿易、そして個人の私的所有の神聖化を制度的な枠組みとして、個々人や企業活動の自由と能力が制限なしに発揮されることが、人類の富と福利の増加であるとする政治経済理論である。この理論は二〇世紀半ばにはハイエクらによって提唱されていたが、新自由主義が実際に力をもったのは世界的には一九八〇年代、日本での本格化は、日本の国際競争力の相対的低下が指摘された一九九〇年代になってからであった。

よく指摘される政策は規制緩和であり、企業の税負担の軽減である。これらによって企業活動の制約を取り払おうとする。ちょうど第二次安倍晋三政権が「世界で一番企業が活動しやすい国」とのスローガンを掲げたが（二〇一三年）、もちろん新自由主義的な発想からである。新自由主義は供給サイド、つまり企業重視の立場であり、企業の競争力が強化されることがすなわち一国の経済力、あるいは総体的な国力の強化と考える。

しかしながら、グローバル化は矛盾を作りだす。なぜなら、企業活動が国家の枠組みを超えるため、企業の視線は国内市場だけではなく、グローバル市場に向けられる。積極的な経済活動を推し進めるには国内市場だけである必要はないからだ。政治において、国内市場を視野に入れた政策を取り入れたにしても、結局企業は世界中のどこからでも利益をあげられればいいのである。とすれば、企業にとって政治は邪魔な存在にさえなってしまう。しかしながら、企業の力を国家の力とする新自由主義では、政治は企業のための法整備を行う傾向が強まる。また、新自由主義を支えたのがトリクルダウン理論であった。大企業や富裕層が儲かれば、貧しい者にも富が滴り落ちるとの考えであったが、これを推進したのは一九八〇年代の英国首相のサッチャーであった。彼女の掲げたスローガンは「ＴＩＮＡ（There is No Alternative）」である。つまり、苦しいが新自由主義、この道しかない。耐え忍べば、いつか富が滴り落ちるからと。

結果、労働市場が途上国に移転され、労働者の待遇も抑制される。二〇〇八年のリーマン・ショックによる世界的な経済危機は新自由主義的政策の行きすぎに歯止めをかけることになる。米国のオバマ政権や日本の民主党政権誕生もまたこのような流れで起きた政治的現象でもあったが、その後、新自由主義の再攻勢がみられる。

このような時代状況において、労働もまたリスクをもつ。先進諸国であっても、労働市場が途上国に移転されれば、失業となるかもしれず、賃金も下がるからである。かつての日本なら、いったん就職してしまえば、年功序列式の賃金体系で、終身雇用など生涯の安定的な収入が確保されたので、リスクを感じる必要がなかった。労働者が保護されていたわけだ。しかし、一九九〇年代後半になると、安定的な雇用が確保できなくなる。

この労働の変化については、簡単にではあっても、歴史的経緯をみておく方がいいだろう。先にも触れたとおり、労働者は産業化によって生みだされた新しい階級である。かれらは自身の利益追求のため政治にも影響を与える必要があった。労働者の関心は労働条件の改善にある。かれらはそこで議会に自らの意志を反映させる必要があった。資本主義の発達は労働者人口を増加させ、大きな勢力になり、普通選挙が各国で広がり、労働者は投票で政治に影響を与えることができるようになり、政治参加に積極的になっていく。

労働者の権利獲得の流れは、かれらに自信を与えていく。資本主義社会のなかで、労働者の存在は政治経済のために不可欠の地位を確保する。と同時に、資本主義社会の成立は社会にこれまでにない貧困の問題を作りだす。原因は失業である。賃労働者とはプロレタリアート（無産）である。かれらは仕事を得られなければ、すなわち貧困に陥る。これは新しい時代が作りだした社会・政治的な課題として意識される。この課題の乗り越えとして、マルクスとフリードリヒ・エンゲルス（一八二〇—一八九五）の『共産党宣言』があるし、社会主義が登場した。そもそも社会主義者とは、貧困という社会問題になんらかの解決をみいだそうとする者であった。

一九一七年にはロシア革命が起こり、実際に社会主義国家が現実のものとなる。資本主義体制において自由な経済活動を擁護するためには、労働者に不満を抱かせるわけにはいかない。資本家自らの体制維持のためにも。もし失敗すれば、力をもった労働者は社会主義体制を求めることになる。そのため、資本主義体制の政治は社会主義的な政策を組みこんでいく。

第二次世界大戦以降、世界は米国中心の資本主義体制とソ連中心の社会主義体制に二分される。冷戦構造である。資本主義陣営が社会主義に対抗するために必要なのは、労働者の権利拡大や福祉の充実など階級的妥協にあった。議会制民主主義はこの妥協を具体的な政策にする場として機能した。労働者擁護の政策は労働者階級に自信をもたらし、政治参加を当たり前のものとした。

しかし、先のサッチャーの「ＴＩＮＡ」とのＰＲは国家の成長のため、規制緩和と民営化しか選択肢がないことを強調した。日本でも、中曽根康弘内閣の国鉄（現ＪＲ各社）の解体および民営化が行われている。この流れは労働組合が既得権益の温床であるとしてバッシングされ、また雇用の流動化へとつながる。加えて、八〇年代末からの社会主義諸国の互解、一九九一年のソ連邦の解体は冷戦構造を終結させ、資本主義諸国は階級的妥協をする必要がなくなる。結果、資本家階級が有利な社会構造を創りやすくし、労働者階級の利害を代弁する組織や政党の力は弱体化する。社会は保守化、あるいは企業寄りの構造に向かう。

このように、労働者は企業や組織、政党とのつながりを失い、政治参加の意欲を失う。そうすると、政治はかれらから遠い存在となり政治的無関心になる。あるいはだれが政治を行っても変わらないと諦めてしまう。しかし、現状には不満があるため、強いリーダーや刺激的な変革へとなびくことにもなる。と同時に、労働がリスクとして意識される。

日本では高度経済成長期には、労働はリスクとして意識されることはなかった。経済成長を背景に、労働者とその家族は企業の共同性に包摂され、安定的な生活が可能であった。あるいは少なくとも、人々にそのようなイメージが共有されていた。第二次世界大戦後、都市に集まった労働者は伝統的な共同体が担う相互扶助や生活保障に頼ることができなくなる。その代わりを担ったのが企業である。企業は終身雇用、年功序列、企業内労働組合を組みあわせて、実質的に労働者の生活保障を充実させた。これが日本的経営である。つまり、企業に入社すれば、安定的な収入が年々増加し、定年まで勤められ、退職後も年金により安定的な生活が待ちかまえていた。そのため、リスクを考慮する必要はなかった。しかしながら、企業の包摂が失われれば、つまり雇用が流動化す

リスクの四象限

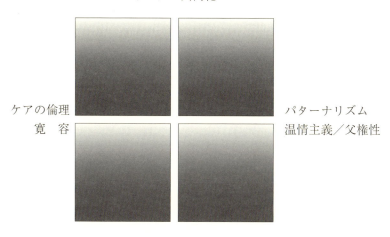

れば、労働者とその家族は相互扶助を失い、保障された生活は心もとなくなってしまう。

一九九〇年代中頃から、企業の包摂性は失われ、生活諸領域におけるリスクを意識しなければならなくなる。一九九七年に金融危機があり、大手銀行、大手証券会社などの倒産や廃業があった。日本の大企業は倒産しないとの神話が崩壊する。「リストラ」ということばが流行りはじめたのもこの頃である。日本が本格的にリスク社会になった象徴的出来事であった。一生結婚しない可能性、離婚の可能性、子どもの教育費の問題、親の介護、老後の生活費など、かつては計画どおりに進んだことが難しい時代に突入する。そして、これら諸問題はすべて数字としてぼくたちの前に提示され、それらはぼくたちの知識となるが、結局リスクとして立ち現れてしまう。たとえば、子どもの教育費なら総額が最低でも一〇〇〇万円以上が必要であると、公立か私立か、大学進学か、文系か理系か、お稽古ごとや塾費用までこと細かに数値として表現され、知識化される。そこに生涯賃金の数字や夫婦、あるいは一人親の場合も含めて、生活状況と未来の状況を勘案しながら、子どもをもうけることの経済的負担を考えてしまう。「子どもは授かりもの」ではなく、リスクとして意識されるようになった。日本の高度経済成長期では、相対的に安定していたため、そこまでリスクを意識する必要はなかったが、経済成長が終わり、新自由主義的政策が行われると、リスクはあらわになった。

これは学校や企業、家族でのリスクであるが、先に採りあげた科学技術の発達に伴うリスクを加えると、個人や集団の生活諸領域全般がリスクで覆われたことになる。そうすると、どのような選択をしてもリスクが生じる（リスクの普遍化）。近代の発展は富の生産と並行してリスクを生産するが、その対処は個人が負うしかない（リスクの個人化）。なぜなら自由の制限は近代の原則に反する。リスクは自由の代償であるため、個人が自由を望む社会では必然的な帰結になる。

このようにリスクが普遍化し、その対処するべき存在が個人であるという社会状況を生みだす。なにを選択してもリスクが消えるわけではないのに、ぼくたちはそれでもなにがしかの選択をして、自由を行使しなければならない。なにが正しい選択かもわからないというのにだ。このような状況を強制的自己決定という。個人が選択したのだから、どのような結果になっても、それは自己責任である。選択が結果的に成功であれば、かれら個人の成果として位置づけられる。ここには正しい選択を保証する共同体、神の姿はどこかに消えてしまっている。個人はこのようなシステムの前で、ただぽつねんと存在しているかのようだ。

そして、このリスクに対処しようとして、リスクに対する予防をしなければならない。いわゆる、リスクヘッジである。リスクヘッジとは、問題が起きてから対処するのではなく、事前に予測しておいて、予防的に対処方法を設定しておくことである。たとえば、人間の行為であれば、当然ヒューマン・エラーがある。そこで、ヒューマン・エラーを事前に数えあげ、エラーを回避するようマニュアルとして組みこむ方法をとる。あるいは株式投

近代から現代へ

思想家	標語	神の存在	真理の存在	時代区分
スミス	神のみえざる手	神が存在していることを確信	真理が存在することを確信	近代のはじまり
ウェーバー	プロテスタンティズムの倫理	神が存在していることを確信	真理は個人には不明	近代化
ベック	リスク社会	神が存在していることを確信できず	真理が存在しているとは思われない	現代社会

大澤2012を参考とした

資するうえで、分散投資しておいて、損失を減らすような考え、生活困難のリスクに保険や貯金などの資源を用意するなどである。

しかしながら、リスクヘッジをしたところで解決するわけではない。そもそもそのリスクは計算不可能、あるいは限りなくゼロに近い。普段からリスクヘッジに留意し、社会全体に予防的方法を採用することが正しい思想であるとの雰囲気が広がる。ただこれは神経症的ともいえる。小さな確率の場合ならば、その事象は事実上起こらないということにすぎない。

また、リスクヘッジはリスクと同様、階級社会を強化する。なぜならリスクヘッジに対処するのに優位となるのは、資源を用意することが可能な者だからである。雇用の流動化、成果主義の広がりがこの状況を加速する。実際には評価を受ける能力はその社会に適応的であることであるから、そもそも資源をもつものであり、結局、格差拡大につながる。

大澤真幸（一九五八―）はリスク社会の根本的問題を第三者の審級の撤退であると指摘する。第三者の審級とは真理を規定する存在である。それが撤退であるから、現代社会は真理を規定する力をもつ者が社会から消えていく途上にあるということになる。

この新しい社会を理解するには、プロテスタンティズムの倫理と比較するとわかりやすい。プロテスタンティズムの倫理では、神の意志は人間の理解を超えているが、それがあることは間違いない。つまり、神はいる。この信仰は疑う余地がない。ただ自分が死後天国に行けるかどうかは生きているときにはわからない。死後に真理は確認される。まとめると神（第三者の審級）は存在するが真理（救済）が成立しているかはわからない。

リスク社会では、そもそも神のように真理を規定する存在が覚束ない。科学によって真理が確定されるどころか、普遍的知識すらもない。普遍的知識を有すると思われた専門家が異なる意見どころか、対立さえしてしまう。よって、なにが真理なのか決定不能である。こちらをまとめると、神のような真理を確定できる超越的存在はいないし、なにが真理かもわからない。普遍化されたリスクの前でたたずむだけである。

ここでは近代が、理性が作りあげてきた世界観が変化してしまったことが理解できる。ぼくたちはいまやリスクに対する合理的な解決法をもたないのである。つまり、リスク社会は理性が対応すべき能力を超えている。それにもかかわらず、ぼくたちはなにがしかを選択していか

参考文献

大澤真幸『夢よりも深い覚醒へ――3・11後の哲学』岩波書店、2012

鈴木宗徳『個人化するリスクと社会――ベック理論と現代日本』勁草書房、2015

服部茂幸『新自由主義の帰結――なぜ世界経済は停滞するのか』岩波書店、2013

ベック・U（東廉・伊藤美登里訳）『危険社会――新しい近代への道』法政大学出版局、1998

ベック・U（島村賢一訳）『世界リスク社会論――テロ、戦争、自然破壊』筑摩書房、2010

山田昌弘『希望格差社会――「負け組」の絶望感が日本を引き裂く』筑摩書房、2004

なければならない。正しい解がないにもかかわらず、正しい解があるかのようにパフォーマンスしなければならない。おそらく、3・11やフクシマはその欺瞞をあらわにする出来事であったのだ。

リスク社会は富の分配を考えるのではない。リスクの分配を考える。人々はリスクを回避しようとするため、かえって社会のなかに対立を作りだす。近代化の原則、マクドナルド化に典型であった合理性や計算可能性に基づく社会集団の連帯は、リスク化とともにある。そもそもマクドナルド化とはより効率的に組織が動くことでみいだされた連帯であったのだが、より確信と信頼に基礎を置く連帯は遠ざかる。社会関係の構築はリスクに伴う不確実性と不安を基礎にしてしまう。産業社会は「豊かな社会」であり、富の分配に問題を孕むにしても、人々の生活の安定をそれなりに保証した。日本なら、企業が集団的基盤として機能した。しかしながら、リスク社会においては、集団的な基盤、少なからず連帯を確保していた基盤から人々は引き離されてしまった。ここに個人化が進み、社会は不安ベースになる。つまり、社会の原理が不安であるため、不安を回避するような心理や政策が正義との装いをもつことになり、人々の価値意識として自明なものと化してしまう。

一三章　私化と公正

デュルケムは近代的秩序に固有な問題としてアノミーが発見されるとしたが、それは、個人化との関連から理解されるべき問題でもあった。デュルケムの予言どおり、個人化は現代社会の明確な特徴になっている。事実、前章で論じたように、現代社会ではリスクの普遍化によって、個人へとその責任がのしかかる。社会の個人化は共同性の解体でもあり、他人の不幸な出来事はぼくたちとは無関係になる。つまり、不幸は自己責任なのである。その問題を社会という枠組みからみるのではなく、個人の問題とみて、その対応として、医療やカウンセリングなどの心理学的な技法が要請される。さらに、問題ではなくとも、特に企業などの組織に適合するためにそれらの技法が利用される。つまり、先に論じた心理学化であり、リスク社会化である。

そして、ぼくたちの社会への関心の低さがあげられる。前章では、個人化（individualization）として触れてきたが、私的な領域のみに嗜癖する私化（privatization）として捉えていくことができる。前章では新自由主義の台頭による労働者の地位低下と意識変化を採りあげた。重ねて、公的な領域は産業化と官僚制の世界にある。そこで、人々は代替可能な存在でしかない。個々人は匿名性を身にまとい、場面場面では、それぞれの問題を解決していく能力を問われるが、自らの行動や労働が価値あるものと位置づけることができるにしても、その価値は相対的に低い。その意味で、公的な領域は人々の生の意味を供給しにくくなる。そこで、人々は私的な領域を価値あるものと位置づけ、社会問題へと人々の接続がなされなくなっていく。社会問題や社会が遠ざかるのである。

その背景にはジグムント・バウマン（一九二五—二〇一七）のいうリキッド・モダニティという近代化の変容がある。日本であれば、一九八〇年代後半まで学校制度や企業の雇用、性役割分業型の家族がかなりの程度機能していた。結婚、家族も安定的で、非常に安定した人生を予想できるものであった。前近代社会のように伝統に従う社会ではないにしても、社会秩序を律する規範やその環境が人間の選択の産物であるとの自覚が確立し、規範をモニタリングしながら調整していくことで、ある程度の安定性を維持してきたわけだ。

一九九〇年代に入ると、前章で指摘したようにリスクがあらわになる。もちろん、ベックのいうリスク社会になるのだが、バウマンによれば、近代化の変容はリキッド・モダニティとして理解される。つまり、安定的であった経済、コミュニティ、家族、そして、国家や思想が揺らぎ、不安定で不確実になったのが現代社会である。ちなみに安定性を維持していた近代をソリッド・モダニティという。

経済、共同体（コミュニティ）、家族について簡潔にみていこう。経済においては、ポスト・フォーディズムとなり、多品種の少量生産と雇用の流動化となった。少量生産といっても、消費者の需要の多様性に対応するのであって、フォーディズム的な機能主義、実用性重視からの離脱が普遍化していることを意味する。それに伴って、国家もまた規制緩和を推進することになる。いわゆるグローバリズムの局面である。主権国家がもつ絶大なる権力、あるいは福祉国家としての包摂性は弱体化していく。なぜなら企業、金融、情報のグローバル化は国民国家を飛び越える力をもつためである。いまや企業が国家をコントロールしはじめる。このプロセスのなかで、国家が存在感を示すために法と秩序の強化に向かうことになる。

つぎに共同体においては、ひとつの共同体に長く住み、そこに愛着をもつという郷土の感覚が失われていく。

その代わりに浮上するのが、カーニバルやテーマパークへの愛着である。一時的な体験こそが人々の愛着の対象となり、人々はそれに嗜癖する。これらの体験は消費である。たとえば、ディズニーランドは消費の殿堂であり、再魔術化された世界を人々に提供する。プロテスタンティズムが呪(魔)術を排除したことを思いだせば、「中流階級のメッカ参り」と形容されるディズニーランドは人々が夢をみるために存在する疑似宗教的な施設のようである。魔術化された虚構空間での体験、その悦びこそ、いまや人々の愛着である。このように再魔術化された世界は、ショッピングモールやスタジアムなど、いくらでもみいだすことができる。繰り返すが、これらは消費の場所であり、共同体が消費の場所ではなかったことを思いだせば、人々の生きる世界は消費に占められている。そして、これら再魔術化された世界は高度に合理化(マクドナルド化)された世界であり、管理された自己完結的な環境である。

家族はどうだろうか。バウマンの指摘は少しばかりショッキングである。近代家族のようなパートナーと一生をともにする家族は減り、一時的なパートナーと関与する流動的なスタイルに変質するという。これをホテル家族という。企業、コミュニティ、家族は時間的空間的にも、一時的に関与するだけの関係性となるのがこれからの社会であり、すでにはじまっている。よくあげられるのが、未婚率の上昇である。

このとき、ぼくたちは自己のアイデンティティをソリッドな共同性に求められなくなる。なぜなら、アイデンティティの資源であるコミュニティや家族が液状(リキッド)化しているからだ。長期的にコミットする対象の消失は社会の消失ともいえる事態である。自己を超越したものと関連づけ、そこから導きだされた物語を生きることによって、自らの生を位置づけることが困難になる。個人的な出来事が社会と関連づけられなくなる。そこで、唯一残るのが個人だ。これはリスク社会論での個人の位置づけと同等である。

個人を家族や共同体と関連づけたり、国家や仕事の世界と関連づけるなかで自らの存在規定をできなくなると、個人そのものを価値あるものとする認識だけが残るだろう。すでに公的な領域は生きる意味を与えないし、価値とはなりがたい。この社会意識の変化に伴って浮上するのが私的な領域である。ここにのみ、生きる意味や価値の根拠が求められる。人々のアイデンティティの根拠から公的な領域は遠ざかる。そのため、政治への無関心は必然化するし、社会問題もまた遠い出来事として、関与する必要を感じない。風景として消費するだけである。もちろん、公的領域自体が消失したわけではない。その領域に直接関わる人には、具体的な問題として、私に迫ってくるのだから。

私に残るのはなんだろう。私の感情や欲望である。あるいは、システムが与える悦び、救済だけが残っている。ここでいうシステムとは、家族や共同体ではなく、企業や国家であり、それらが提供するモノ、情報、サービスである。よって、それらに人々は簡単に飛びつく。また家族や共同体ではなく、システムに期待するため、システムは増殖し、それらは法制化され、人々はさらに依存するという循環構造をつくりだす。

ここに動物化が重なる。動物化とは理性や内面性のようなデリケートな領域を経由せず、人々の行為を決定する力が強まることだが、私的領域にのみ生きる価値をみいだせば、衝動や感情こそ価値であるかのように信じられる。ゆえにホンネとタテマエを対比すれば、ホンネこそ真実であり、心理主義が自明となる。

仮に問題が生じれば、かれにとって共同体は視野に入らないため、システムの問題か、個人の問題かに収斂する。システムの問題であるならば、システムを強化し、管理社会化を志向する。あるいは個人の問題であるならば、先に述べたとおり、個人のこころの問題として、こころを医療によってコントロールしたり、心理学や精神分析を資源として自己の感情を理解しようとする。さまざまな問題が個人を含む関係性や環境の問題としてではなく、個人の問題とされ、そこにカウンセラーや精神科医が制度化された方法を適応する。問題がある子どもや人物がいれば、薬でコントロールしかねない。

ちなみに一九六〇～七〇年代にかけての対抗文化（カウンター・カルチャー）は、親文化や支配的文化に対抗する共同性が個人の自律の探求の場としての意味を担っていた。その意味で私化現象ではあるが、共同性を志向していたし、社会の能動的な担い手との位置づけも可能であった。しかし、現在の私化現象は共同性がすっぽり抜け落ちている。ぼくたちは、このような状況にＮＨＫでも採りあげた（二〇一〇年）無縁社会をイメージできるのではないだろうか。家族や企業によって担われていた絆が喪失し、孤立化する人々が増加し、ついには孤独死が待ち受けているといったものだ。

　共同体は欲望の規制を行うが、いまやその力は脆弱でしかない。その結果、欲望は私的な満足に閉じつつ、つぎの

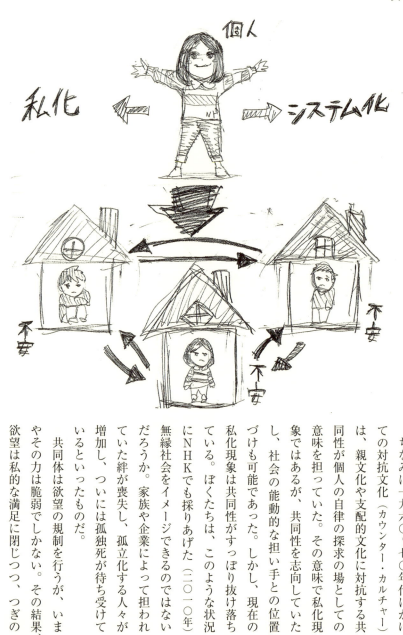

満足を求め続ける。あるいは、不安や不快を回避することに躍起になる。その意味で、安心こそが欲望される。人々は共同性の関心を失い、自己の感情や欲望を肯定する他者とのみコミュニケーションを行う。同質な他者はかれと同じ言葉を発するので、かれはその言葉が反響する空間に安住する。インターネットはそれに都合のよい装置になっている。なぜなら、インターネット空間ではエコーチェンバーといって、同質な他者の言葉がエコーのように響き渡ることによって、かれの意見が正しいとの思いが強化されるからだ。そうすると、異質な他者の言説はかれを傷つけたり、不快を与える。よって、異質な他者を排除しようという動きが具体化する。ぼくたちは居心地のよさを求めて、いつの間にか、閉じた空間に生きるようになったのかもしれない。

格差が叫ばれても、格差が是正される政策は推進されないのが現状である。平等志向が強ければ、税と社会保障による再分配効果を政府に要求するのは必然である。実際、マス・メディアでも格差は取りざたされる。そのため、日本社会では格差は大きくともかまわないとのリバタリアニズムの思想が受け入れられているからだと主張されることもある。しかしながら、これまでの議論からすれば、格差のような社会問題もまた私化によって、人々の関心の外にあり、風景として消費しているだけなのかもしれない。

グローバル資本は留まることを知らず、ぼくたちの日常生活は浸食される。そこで産出されるのはバラバラな私化した個人である。そこで、資本が提供する商品の消費者となり、あるいは国家が提供するサービスの受給者となる。気がつけば、個人と資本や国家の間にあった共同体や中間集団は希薄となり、老後の不安や健康不安、育児の不安など、ぼくたちは不安に取り憑かれている。個人とシステムしか実在しないとは、社会の喪失を意味するのだろうか。

では、リスクの普遍化、個人化、あるいはこの現代的不安に対処する方法はないのであろうか。科学の進歩がリスクを作り、個人化が自己責任と不安の土台となってしまっている現代社会で、少なくともリスクを低減するための方法として、勝ち組になることぐらいしかないのであろうか。勝ち組になれば、もちろん経済力をもとに生き抜くことができると人々は想像するだろう。そのような力がない者であれば、国家や企業が提供するサービスを頼りに生きるしかない。どちらにしても、システム依存であることに変わりはない。

リスクはかつて危険であった。その対義語は安全である。先に論じたとおりである。しかし、異なる角度からみると、リスクとは損失であり、その対義語は利益（ベネフィット）でもある。このリスクとベネフィットをワンセットとする見方から異なる様相がみえてくる。そこからは、この閉塞した時代認識に少しばかり風穴が開くと思われる。

そこで狂牛病について採りあげ、考えていこう。二〇〇四年に狂牛病に対する体制見直しのため、全頭検査を見直そうとの議論が起きた。二〇〇一年、国内で発見された狂牛病第一号から三年経っていた。狂牛病とは正式には牛海面状脳症（ＢＳＥ）といい、牛の脳内に空洞ができ、スポンジ状になる神経系の病気であり、ヨダレを大量に流し、狂ったような表情になる。このような牛の姿はテレビでもよく放送された。この病気にかかった肉や内臓を食べると感染し、人間の場合、変異型ヤコブ病となってしまう。きわめてまれに感染する病気ではあるが、鬱状態や不安、自閉などの症状が現れ、一年程度で運動できなくなる。治療方法は存在しない。

日本では発生原因がつかめないこともあって、最大限の監視体制を整えた。その方法のひとつとして、全頭検査が行われた。さらに頭の一部、脊髄、脊柱などの危険部位が除去され、はじめて流通可能となる対策がとられた。全頭検査と危険部位除去はもちろんリスクに対する対処であり、安全の確保である。

これに対して、そもそも全頭検査自体が非科学的であるとの批判があった。確率論からすれば、確かに被害が人間に及ぶというのは余りに小さな確率でしかなかった。あくまで消費者の安心のための措置であるとの主張であった。

消費者は少しでも危険なものは避け、できるだけ安全なものを食べたいと考える。安心は情緒的であり、安全は科学的な立場からの意見である。全頭検査は安心対策であり、科学的にはすでに安全だとの主張、判断であったが、ここでの科学的な判断はぼくたちを納得させるほどの説得力をもつだろうか。換言すれば、科学には真理を担保するほどの力はないとはいえないだろうか。前章で採りあげたリスク社会の帰結である。

このような議論をよんだ時期から一〇年ほど経って、厚生労働省は二〇一七年に全頭検査の廃止を決めた。内閣府食品安全委員会の答申を受け、二〇〇九年以降、日本ではＢＳＥ自体が発生しておらず、神経障害のある牛だけの検査へと切り替えるとのことで、関係省令が施行された。

このような経過をみると、科学的見解が正解であったように思われる。しかし、そのような見方は短絡的である。発生当時、ＢＳＥの発生原因や感染ルートと汚染の規模も明らかではなかったし、牛の年齢が重要なファクターであるが、それもまた不明であった。全頭検査の実施はこれら不明な点を明らかにし、病原体の拡散を最小限に留める手立てになっていたのだ。また、感染ルートは英国発とみなされたが、さまざまな可能性を考慮すると、英国での感染を決定づける根拠には乏しかった。

じつは狂牛病の原因は肉骨粉の使用にあるといわれるが、日本で狂牛病になった牛に関しては、使用していなかった。ちなみに肉骨粉とは、畜産で余った屑肉や内臓などを加工した粉末である。日本で使用していたのは代用乳であった。代用乳とは動物性油脂を利用して加工された人工乳のことである。なお、ＢＳＥとの因果関係はないとされるが、この結論にも疑義が残る。

このように簡単に振り返るだけでも、なにが真理なのかは確定困難である。しかしながら、数値化されたリスクを並列すると、ぼくたちは狂牛病リスクを気にする必要がないかのように思えてしまう。たとえば、ふぐの毒で年間数十人死んでいるし、交通事故では数千人。原因を特定するのは困難ではないかと疑問はあるが、タバコが原因の死者数は一〇万人を超えるという。

それらと比較すると、ＢＳＥでの人間への被害はないに等しい。消費者が騒ぐ多くの問題は、ほとんど起こらないわずかな確率への過剰反応であるとの批判があった。そこで、リスクコミュニケーションとして、この科学的な見解を消費者に納得してもらおうと数値をもとに説得を試みる。つまり、全頭検査は非科学的であると。ここには社会的なベネフィットがあり、その恩恵と比較すれば、やはり些細な問題にすぎないと。そもそもあらゆることに多かれ少なかれリスクは伴う。程度問題にすぎないのだから、小さなリスクは引き受けるべきだと説く。このような論理は説得的であると感じられるが、なにかやりきれなさも残る。そこで、ぼくたちが考えなければならないのは、リスクとベネフィットをワンセットとして評価することにある。

では、どういうベネフィットを求めたことでＢＳＥ問題が生じたのであろうか。端的に肉牛の大量生産である。そのために行ったのは、幼牛の成長を促進するため、草食動物である牛に肉骨粉や代用乳を餌として使用したことである。草食動物に共食いをさせたわけだ。それ以外にも、エネルギー節約のため、飼料の加工工程を変化させて加熱不十分となり、生産された飼料に感染性が残存してしまうという問題もあった。

つまり、ベネフィットは牛肉の大量生産であり、コスト削減のための効率性にあった。結果、いうまでもないが、リスクは狂牛病であったし、変異型ヤコブ病患者を生みだすことであった。この功罪両面をみると、加速度的にベネフィットを求めることがリスクを生む原因であったとわかる。

ではだれにベネフィットがあり、だれがリスクを引き受けるのだろうか。大量に牛肉が生産されるのだから、牛肉が安価に供給可能であるとして、ベネフィットは消費者にあるようなみかけをもつ。ただ、消費者は別の選択肢をもつこともできる。ちがう牛肉でもいいし、牛肉の代わりに魚や野菜を消費するのでもかまわない。結局、ベネフィットは生産者側、企業側にある。それは単純に経済的な利益である。そもそもかれらは効率を求めて、大量生産技術を利用したのだから。そして、リスクはあくまで消費者側にある。ここにみられるのは、リスクとベネフィットの乖離である。そこにぼくたちは直感的な嫌悪感をもつし、やりきれなさを感じる。

ぼくたちが自ら進んでベネフィットを求めるなら、そこにあるリスクを抱えることには納得もできる。ベネフィットとリスクは同一の当事者が引き受けるからこそ、納得できるのだ。たとえば、ガンになったとしよう。手術や抗ガン剤治療、放射線治療やその他の選択肢、あるいはそれらを組みあわせて治療することになる。あるいは、治療自体を拒否するという選択肢もある。単純化するが、どれかを選択し、ガンが治癒したり、症状が緩和することがベネフィットになる。治癒できないとか、副作用などや最終的には病死がリスクである。

このとき、ベネフィットもリスクも当事者である患者自身が引き受けることになる。仮にリスクの方が強く襲いかかっても、ぼくたちは納得できる。なぜなら、ベネフィットを求めた当事者がリスクを背負ったことに公正さ（フェアネス）をみているからだ。ベネフィットを求めた当事者がベネフィットだけを得て、ほかにリスクが転嫁されるとき、ぼくたちはそこに不正を嗅ぎつけるだろう。

ＢＳＥ問題で科学的であるとの装いをもって、全頭検査不要説を唱えた科学者には、このような公正という問題がみえていなかった。科学はそれだけでは真実を担保しない。それゆえ、政治的になるのだが、その科学者たちにはそれ自体がみえていなかったのか、あるいはある特定の立場に加担しただけであった。

ここで、ぼくたちはリスク社会の困難さから抜けだすひとつの理念を取りだすことができる。公正という考えである。現代社会では、リスクとベネフィットは同一の当事者によって引き受けられていないことが多々ある。そこを問い直すことが、ひとつの倫理の可能性になる。この発達した消費社会では、ベネフィットは上流に、リスクは下流に流れる傾向がある。これは前章で指摘したリスクの階級性である。ぼくたちはコンビニやスーパー、百貨店などに出かけ、そこで数多《あまた》の商品の前に立つ。そして、それらから自分の趣味志向によって選びとる。そういう自由をもっていると思っている。自由を疎外するのは、経済力のなさにすぎない。ゆえに経済力を得ることが自由の拡大のようなみかけをとる。つまり、経済力という個人的能力をカッコに入れれば、ぼくたちは自由な選択ができる消費社会を謳歌できるようにはみえる。

しかし、それだけではない。自明性によって覆い隠されている問題を明らかにするのが公正という視角である。そして、公正という視角を覆い隠していたのは、狂牛病の例からもわかるように、科学的な言説であった。科学は政治的に利用されるのだ。ゆえに、ぼくたちはだれがベネフィットを得て、だれがリスクを回避しているのかをきちんと観察する必要がある。消費者のためのベネフィットはみかけ上のまやかしかもしれないし、このように高度に発達した消費社会では、ベネフィットとリスクは同一の行為者によって引き受けられていないことが多々あるからだ。

この公正という原理はアダム・スミスの思想を思いださせる。スミスはよく知られたとおり、古典派経済学の元祖である。自由な市場があれば、神のみえざる手が働き、よい社会になる。つまり、利己的な個人が利益追求を行えば、社会全体の繁栄になるとして、市場万能主義を唱えている。このように理解している。

しかし、スミスがこのような理論を主張するには、スミス自身、二つの前提をあげている。一つは、他者への共感、同情である。いかに利己的な人物でも、人間であれば、他人に関心をもち、他人の幸福を願う推進力が備わっていると、スミスは考える。この情動の動きが社会秩序を作りだすという。

二つめが公正に関わる。富や名誉を求める競争社会において、人間は個人の能力を最大限発揮すればよい。しかし、前提がある。フェアプレイの精神である。富や名誉のためにだれかを押しのけたり、不正を使っておとしいれたりしてはいけない。フェアプレイのルールに則らなければならない。あくまで自分が努力し、自己研鑽に励み、競争に勝つのであって、そのこと自体が英知や徳につながる。フェアプレイであるからこそ、社会秩序は維持され、神のみえざる手によって、社会が繁栄へと導かれるのである。スミスがフェアプレイの反対としてあげているのは、虚偽、陰謀、結託、贈賄、暗殺などである。これらの手段が使用されれば、神のみえざる手は作動せず、社会の繁栄は遠のく。もちろん、このフェアプレイがこれまで議論してきた公正である。

では、狂牛病の事例では、フェアプレイが行われただろうか。もちろん、ベネフィットとリスクが同一の当事者に担われていたかというと、先に指摘したとおりちがう。まず、この点で公正ではない。

さらに、牛の成長促進のために、牛が牛を共食いしていたことはどうだろうか。二〇一七年の全頭検査廃止の最大の理由を、内閣府食品安全委員会は肉骨粉の廃止による感染牛の減少とした。問題が共食いにあり、草食動物を肉食動物化しているという点で、自然の切断が行われてもいる。環境を採りあげた章（一〇章）で指摘したとおり、自然の切断には、科学的、人為的な穴埋めが行われる。その穴埋めは経済的利益を企業や生産者側にもたらす。環境問題と同一構造である。

ところで、牛の成長促進、つまりは効率的な大量生産のために共食いさせていることを、ぼくたちは知っていただろうか。牛であったとしても、そもそも共食いに禁忌の感情を抱く者も多いにちがいない。少なくとも違和感は抱く。つまり、非科学的な感情にすぎないとい言われるにしても、草食動物を人為的に肉食動物としてしまう行為はフェアプレイとは言いがたいし、その事実が知られていないこと自体、フェアプレイとは思えない。なぜなら、ぼくたちこそが消費者であるし、その肉をじかに口にするのだから。当事者が知るということは社会的公正の要件でもある。ゆえにメディアの役割は重要なのである。ここに知る権利の意義がある。ぼくたちは知ることなしには、判断したり評価したりすることもできないのだから。

特に新自由主義的政策のもとでは、平等性は経済効率性の障害となるため、平等性と経済的効率性はトレードオフ（交換）するのが当然と考える傾向がある。しかしながら、この思想は結局、公正であることの否定であり、リスクは弱者に負わせることになる。このように考えると、ＢＳＥ問題は明らかに公正を欠いている。

原発に関しても、公正という観点からみえてくることがある。二〇一一年の東日本大震災にともなう原発事故はレベル７という最悪の事態であり、二〇一八年の現在も続いている。そこで、フクシマのベネフィットとリスクを取りだせば、ベネフィットは首都圏の電力供給のためであったから、首都圏の住人にベネフィットがある。しかし、電力供給源が原子力である必要はないともいえる。火力や自然エネルギーでもかまわない。原子力を選択し、そのベネフィットを得ていたのは、電力会社や関連する企業である。当然、経済的利益である。さらに、このシステムを構築した国家である。なにせ国策なのだから。

もちろん、リスクはフクシマの被害を受けた人々にある。福島の土地で生活していた人々、放射性物質で住めなくなった土地、その土地のあらゆる生物でもある。そもそも、この被害はこれだけに留まるものではない。つまり人間を含む包括的な環境に被害があった。未来のフクシマの大地をも含めることができる。この時点で、当事者性の乖離があることは明白であり、端的に公正ではない。実質的な差別構造である。

しかしながら、事故以前を振り返り、福島には原発関連で雇用がもたらされ、国から補助金が出ており、ベネフィットがあったという主張がなされる。福島に原発リスクを引き受けさせた代わりに、国家や電力会社などが経済効果を与えたということだが、これもまた公正ではない。原発のリスクの大きさのゆえ、それを隠蔽するかのように施策がなされたにすぎない。スミスがいう贈賄に当たる。公正を確保できないからこそ、みかけとして帳尻をあわせたのであり、公正を確保できないという事実がその土台になっている。構造としての差別が土台としてあるのだから、なにを上塗りしたところで、差別構造自体が変わるわけではない。経済と、人間が住まう故郷や大地とトレードオフ可能なのか、考えた方がいい。現在この土地に人間はいない。

加えて、安全神話である。東京電力を含む電力会社は原発が安全であるだけではなく、私たちの豊かな生活を保証するとしたPRを行い続けてきた。住民への説明会でも、政府を含めて、原発の安全性を強調してきた。よく知られるように、日本の原発は沿岸地域に集中している。地震が起こり、津波が発生し、施設が浸水した場合、放射性物質の流出は免れない。一部の専門家がこのような危惧をもっていたにしても、政府と電力会社はこのような問題が表面化することなく、みかけとしてのベネフィットだけを強調した。さらに温暖化問題と関連づけ、原発がCO_2を出さないとPRした。つまり、住民への説明会を含め、原発はみかけとしてのベネフィットだけPRされた。

そのため、ぼくたちは事実を知らされていなかった。事故が起き、原因解明していくなかで、はじめて事実が浮き彫りになり、国民の知るところとなったのである。BSE問題と同様、その事実が知らされていないこと自体、フェアプレイではない。繰り返すが、社会的公正の要件として、知ることがある。ゆえに、マス・メディアもまた知る権利のために存在しているのだから、事実を伝えなかったことに責任がある。実際はマス・メディアもまた電力会社のPRを載せ、利益をあげていた。ゆえに、マス・メディアもまたフェアではなかった。

人間は確かに利己的な存在ではある。しかし、それと相反することに、人間にはそれとはちがう本性をみいだすこともできる。それを公正（フェアネス）という観点に絡めれば、他人の幸運や不運に関心を抱き、不運を嘆き、幸運を悦びと感じることである。スミスの「共感（同感）」原理である。つまり、人間の本性には、他人に関心をもつという一面がある。他人になにかあれば、なんらかの感情が引き起こされる。確かに、他人事として「他人の不幸は蜜の味」として受容する自己愛的な人格も存在するにちがいない。しかし、自分に利害関係がないにしても、他人に関心をもち、その人の感情や行為の意味を理解しようとして、その境遇に「共感」する。そこに不正があれば、ぼくたちは「共感」しがたい。「共感」できるのは、ぼくたちが他人の感情や行為が適切であるのかを判断しているからである。その判断が公正であり、ぼくたちと他人を媒介する想像力であり、道徳的な感情である。

だから、公正であることは社会の「共感」を要求する。これは個人化、私化とは相反する力である。「共感」は感情であり、心理である。この「共感」が個人に内閉しては私化であり、人間関係が孤立しあっているのだから、道徳にまではいたらない。そこで「共感」の価値を判断する公正がある。個人間の「共感」がつながりとしての実在性を帯び、社会的ネットワークとなっているとき、公正であることを確認した諸個人は人々の関係性に互酬性と信頼性が醸成していることを確認できる。だから、「共感」は社会関係資本を稼働させる力になる。このとき、リスク社会で見失った真理が公正として甦っており、アノミーを乗り越え、人と人を結びつけるソリダリテ（連帯）となっているとはいえまいか。なぜなら、心理が孤立せずつながりとなっていれば、公正をめぐって、具体的な共同性が現象化する可能性を有しているからである。スミスの「共感」はゲマインデの土台を構築する力なのではないだろうか。個人化や私化が進展し、それを補うシステムの力が肥大化している現代社会とはいえ、さすがに「共感」が社会から完全に喪失しているということはないだろう。

参考文献

市野川容孝『社会学』岩波書店、2012

片桐雅隆『自己の発見』世界思想社、2011

スミス・A（高哲男訳）『道徳感情論』講談社、2013

バウマン・Z（森田憲正訳）『リキッド・モダニティ——液状化する社会』大月書店、2001

パットナム・R（柴内康文訳）『孤独なボウリング——米国コミュニティの崩壊と再生』柏書房、2006

福岡伸一『ロハスの思考』木楽舎、2006

ロールズ・J（田中成明訳）『公正としての正義』木鐸社、1979

おわりに

本書は主に社会学の知見を使い、近現代史の流れをモザイク的に記してきた。

モザイク的というのは、扱っているのが近代化のプロセスであり、それはひとつの流れを有しているとはいえ、各章を構成するのはそれぞれ政治や国家、経済、文化、メディア、都市、環境、消費など多岐にわたっているからという程度の意味である。つまり、ぼくたちが生きる世界のほとんどの領域を覆う近代化のプロセスを理解するために、各領域にある程度焦点を当てて、それぞれの理解を試みてきたのだ。

それらを総合すれば、近代という時代がどのような力学を有しているのか、おおよそイメージできると思っている。モザイク的なものであっても、遠くからみると、ひとつの形になり、近代なるものを浮き彫りにすることになるだろう。

通常、近代化とは産業化（industrialization）と民主化（democratization）からなると理解できる。本書のなかでも述べてきたことだ。産業化の成果は物質的豊かさであり、民主化の成果は社会的平等を志向する。これらが近代化を支える二大支柱となり、先の政治以下のそれぞれは下位要素となり広がりをもっていく、そのようなプロセスとして近代化は位置づけられる。

あくまで近代史の流れであって、歴史なるものを描くというのは、ぼくにとっては大それたことであり、歴史家に任せるべきものと考えている。そこで歴史や社会科学の本や、近代化の内実を明らかにしようとする社会学の知識を借りてきて、時間軸にある程度沿いながら、ぼくなりに近代化のプロセスを構成しようとしたのが本書であった。他人のふんどしで相撲をとっているようなものでもあるわけだ。

この他人のふんどしは社会学を中心とした学問で、十二分に検討されて、妥当性のある知識だと確信している。これまで多くの先達が苦労して残した知識が存在している。それらを参照して、不完全ながら、モザイク的にではあるけれども、ぼくなりに近代という現象の全体化作業を紡いでいこうという試みを行ってきた。ゆえに、先達の知識を信用してもいる。もちろん、盲信しているわけではない。ただ、これまで多くの人々がここで採りあげる知識を妥当性があるとして、継承してきたものである。

近代化は専門主義的に細分化された知識を作りあげ、細分化された知識への懐疑を後退させているように思われる。その意味で、ぼくとしては、細分化された知識に対して常に懐疑の目を向けてもいる。一個の全体としてしか存在しない経験が断片的な知識として表現されれば、必然的に全体性を失ってしまう。

そこで、ぼくがいま信用すると述べた知識は、これまで継承されてきたことによって、批判の目が向けられ、生き延びてきたのであり、少なからず全体性を宿すような性格があると考えられる。また、そもそも知識がみいだされたときにすでに全体性にさらされ、導きだされているはずでもある。ゆえに、信じるわけであり、モザイク的な近代の流れを表現するのに十分な知識であると確信できると思っている。

しかしながら、くどいかもしれないが、常に懐疑を手放すことはない。信じるに値するものとはすなわち教養といえるにちがいない。そこで、僭越ではあっても、本書は教養書でもあると位置づけたいと考えている。

このような継承されてきた知識、教養を信じるなら、専門主義的に断片化された知識の現状を批判しなければならなくなる。そのためには、継承された知識、教養を押さえておかなければ、前に進むことができない。いっそう悪いことには、断片的な知識を手にしているにすぎないにもかかわらず、真の知識をもっていると自惚れてしまうことにある。

だからといって、本書の著者であるぼく自身が真の知識を有しているなどと自惚れているわけではない。懐疑を手放さず、それでいながら先達が苦労して得た知識を信頼するという一見矛盾しながら、その狭間に立ち続けるという営みのひとつを目指してきた。

教養ということに関しては、本書の内容は専門度が特に高いというわけではないと思う。後半部分は大学で社会学関連の授業があれば、接することはあるけれども、大学生であれば必ず接する知識ではないかもしれない。

そこで、ぼくがイメージしていたのは、高校の社会科の教科書以上、大学で扱うような専門書以下の内容である。網羅的ということではないが、高校の社会科目の「倫理」「政治・経済」「世界史」、そして廃止が予定されている「現代社会」の延長にある知識である。だから、高校卒業以上で勉強したいと思う者に向けて書かれているので、大学生を含めて幅広い読者層を想定している。

普段大学生と接するなかで感じているのは、初学者向け教育やアクティヴ・ラーニングを学んだ大学生がいわゆる教養を身につける機会を失っているのではないかというぼく自身の感触である。それはかつての一般教養科目をイメージしたり、本書の内容に引きつけるなら、「近代とはいかなるものか?」といった問いに対する知識や、そもそもそういった問題意識をもつことにある。おそらくはいま生きている世界に対して、かれらはあまり疑問をもたず、知識を現状の社会に適応する技術として捉えてしまっている。ぼく自身はそういう感触を得てしまっている。知識や教養がそのような限定的な知であるとは思われない。

「近代とはいかなるものか?」との問いで思いだすのは、一九四二年に行われた文芸誌『文学界』（九月号および一〇月号、文藝春秋社）であろう。「近代の超克」なる有名な戦中の議論ではあるが、いま読めば首を傾げるところが多々あり、つっこみどころ満載だが、近代に対する疑念自体は間違いなくあった。ゆえに近代理解への強い意志があった。戦後しばらくの知識人の言説には、そのような意志が組みこまれていたように思う。

戦後は近代化がとにかく推進されたわけだが、それでいいのかとの疑問ははなはだ薄かったのではないだろうか。「近代の超克」が意識された時代にもどれなどという気は毛頭ない。ただ少なくとも「近代とはいかなるものか？」との問いから発した近代像はある程度理解しておいた方がいい。３・11は近代の破綻であったなどと性急な解答を出す前に、まず近代に対する理解をしておかなければいけない。そして、それらが社会全体に広く共有されている必要がある。だから、そのような問題意識から、細かい議論をするよりも、近代に関する理解を俯瞰的に大づかみし、人々に提供することが必要であろうと思われた。「はじめに」でも触れたように、ぼくたちの知的状況は二分したり、混乱している。だから共有可能な立ち位置を近代化のプロセスを単純化を恐れずに描きだしてみたが、同時に、どの点に関しても、より理解を深めるためのくわしい議論にさらなる検討が必要なことは確認しておきたい。

最後に本書の取説をしておきたい。もちろん、自由に解釈してもらっていっこうに差し支えないのだが、ぼくなりの提案である。本書で扱われた概念、理論、考えかたを抽象的な思考の水準に押し止めるのではなく、自らの周辺にある出来事や現象、あるいはメディアを媒介にした現象と重ねあわせてみてほしい。抽象的な思考に具体的な現実（現象）を重ねあわせることによって、現実の意味が少しばかり浮き彫りにできると思う。それが本書の意義のひとつである。

もちろん本書は森羅万象すべてを扱っているわけではないし、いまさらではあるが、ぼく自身もある概念や理論を採りあげていないとの思いはもっている。その意味では、不十分な部分はあるゆえ、本書の内実には自ずと限界がある。本書で扱われた概念、理論、考えかたではある具体的な現象とはかけ離れており、重ねあわせて考察することができないこともあるだろう。ただ可能な部分が多々あることも主張できる。

少しだけいくつか簡単な例をあげておこう。

ちょうどこの「おわりに」を書いているのは、森友学園問題で証人喚問が決定した時期である（二〇一八年三月）。森友学園問題について詳細は省くが、採りあげられるさまざまな出来事が合法的支配とどれだけ合致しているのかを考えてみると、浮き彫りになることがあるだろう。もちろん合法的支配が近代の特徴のひとつであることは採りあげてきた。

官僚はどのような組織よりも合法的支配の中で職務を実践しなければならない組織である。官僚は職務において法や規則に従う。合法的支配が要請する原理原則である。決済文書改ざんをあげるまでもなく、官僚は法に則って責務を果たしていないことは明白である。合法的支配がなされていることは近代国家の要諦である。とすれば、この問題は日本が近代国家になっていないとの問題として浮上する。もちろん「近代国家とは何か？」「合法的支配とは何か？」という概念や理論と森友問題という現象を重ねあわせることでみえてきたわけだ。すくなくともいま採りあげた見方は近代国家の原理原則ともいえるので、このような理解を土台として、さらなる議論が可能になる。

もうひとつだけあげておこう。本書では二〇世紀の情報化社会の特徴を浮き彫りにするためにＰＲという概念に着目した。そこで、ぼくたちの日常生活の中にどれほどのＰＲがあふれているのかを考えてみてほしい。例えば、インターネットをするのにYahooのポータルサイトを開けたとしよう。そもそもポータルサイト自体がＰＲであるし、実際の広告も載っている。Yahooニュースには写真が載せられているが、これもまたＰＲになっていることは明白である。そもそも記事一覧として提示されるニュース自体がそれぞれPRによる。指摘されれば当然のことにすぎないけれども、自明であるがゆえに、普段からPRであるとあまり意識もしないだろう。検索ワードを入力し検索すれば、何万件もの検索結果が順に表示される。その横には、検索ワードに沿った広告が表示される。そもそも検索結果自体が一種のPRであり、検索結果上位はよりPRされている。

このような議論は当然広がる。フィルターバブルとの関連からもう少しだけ採りあげよう。フィルターバブルとはインターネットがもつアーキテクチャのひとつである。ネットで検索すると、ユーザーの情報に基づいて、検索結果が左右され、その人物のこれまでの検索傾向、趣向にあわせた情報が優先的に示される。人によって検索結果がちがうということだ。ネット検索には情報を得るという利便性があるのはもちろんだが、システムにぼくたちの個人情報や趣味志向、思想をデータとして提供するテクノロジーでもある。アマゾンで買いものしていれば、ぼくたちへのおすすめ商品が提示されるわけだ。これまでの検索履歴はぼくたちがどんな存在かを示してしまう。それらを情報資源としてアルゴリズムに従った計算をもとに、新たな検索結果はぼくたちユーザーの志向にあわない情報を後退させ、ぼくたちはかつての履歴を資源にした再生産された自己をみることになる。そのため、検索結果とは自己自身のPR的再現であり、意識することもなく、私化現象の強化になってしまう。ネットでの検索は、自身を自己の殻のなかに閉じこめ、他者の声を排除する可能性を有してしまう。

そもそもだれかのブログ記事はPRであるし、TwitterなどSNSも当然PRの機能をもっている。SNSで情報を発信しているということはPRであるし、そんなつもりがなくとも、スマホの中で自らをPRしていることになる。PR的実存とでも名づけたいところだ。

これらはバーチャルな世界だが、リアルな世界であっても、街中を歩いていれば、電車に乗っていても、そこかしこでPRに取りこまれている。ぼくの部屋には企業が作った工業製品があり、そこには企業のロゴマークが企業自体をPRしている。ここではPRの存在論を突き詰めなければならないけれど、とにかくぼくたちがPR的世界の中に生きていることは事実である。PRという言葉自体は知っているけれど、本書におけるPRという概念の内実に現象を重ねあわせれば、これまでとはちがう風景がみえるはずである。

このような例は数限りなくあげられるのだが、本書の内実に接し、それらを知として、現実や社会問題、本書で採りあげた政治や国家、経済、文化などなど、それら自明な物事をみるためのひとつの方法となったとしたら、本書は成功である。本書で身につけた知が絶対ということはない。それでも小さな知の土台としての役割程度なら担えるとは考えている。そして、この土台を乗り越えた知が立ち現れるとしても、そのとき本書の知を包含していることにはなるだろう。

末尾にはなるが、本書の下書き時点で、その空きスペースに多くのコメントを記してくれた風塵社の腹巻オヤジ氏には感謝申しあげる。かれのコメントと対話するプロセスがあったおかげで、本書の主張が浮き彫りになった。あと、怠け者のぼくを常に叱咤激励してくれた妻の美珍にも感謝である。

二〇一八年三月

著　者

〈ラ、ワ行〉

羅針盤→ジャイロスコープ
ラッダイト運動　74
リーマン・ショック　182
リヴァイアサン　47, 66, 67, 69
リキッド→液状
——・モダニティ　191, 204
リスク社会　28, 176—178, 181, 185, 187—192, 197, 199, 204
リスクの個人化　185, 186
リスクの普遍化　186, 190, 195
リスクヘッジ　186, 187
リストラ　116, 165, 185
立憲主義　67
立法権　45—47
リバタリアニズム　195
リベラリズム　54, 86, 173
ルネサンス　32, 33, 36, 38—41, 73
冷戦構造　177, 181, 183, 184
レーダー　128, 129
連帯（ソリダリテ）　90—97, 173, 189, 204
労働価値説　81, 82, 84
労働組合　90, 125, 152, 184
労働市場　71, 181, 182
ローマクラブ　153
ローマ帝国　23
ローマ法王　22, 44
ロシア革命　183
私化（privatization）　190, 194, 195, 204, 210

プロテスタンティズム　42, 72, 75—77, 79—81, 85, 94, 103, 120, 124, 126, 128, 138, 171, 187, 192
プロテスタント　36, 37, 50, 51, 58, 61, 77, 101
プロパガンダ　39, 111, 112, 134
プロレタリアート　183
分業　72, 91, 92, 94, 115, 116, 119, 130, 161, 191
フェアネス→公正さ
ベネフィット　196, 198—203
ベルトコンベア式　117, 118, 161
ベルリンオリンピック　134
変異型ヤコブ病　196, 198
封建領主　25, 46, 47
放射性廃棄物　178
放射能　6, 181
暴力装置　47
ポジティブ・シンキング　171
保守主義　125, 138, 140
ポスト・フォーディズム　120, 121, 174, 191
ポストモダニティ　28
ポストモダン　26
ホテル家族　192
本質意志　14
ボン・マルシェ　105

〈マ行〉

マクドナルド化　160, 161, 163—166, 168, 173, 174, 189, 192
マクドナルドカルト　171
マグナ・カルタ　61
マス・コミュニケーション　116, 117, 130, 135—137, 143
マス・メディア　6, 10, 39, 98, 105, 106, 108, 110—114, 126, 128, 133—137, 140, 141, 154, 160, 195, 203
魔　術　75, 76, 80, 81, 103, 120, 121, 124, 126, 161, 171, 192
マニファクチュア→工場制手工業
マニュアル　161—166, 186
マルクス主義　131
ミドルクラス→中産階級
水俣病　150—153, 156, 158, 159
身分制社会　20, 26, 60
民主化　9, 14, 59, 103, 205
民主主義　22, 57—59, 62, 64—66, 69, 71, 105, 112, 113, 130, 135, 137, 184
民主党（日本）　182
無縁社会　194
明治維新　29, 53, 56, 100
メイフラワー協約　70
名誉革命　58
メッセージ　110, 111, 113, 114, 134, 144, 148, 154, 155
メディア・リテラシー　12
モホークヴァレーの公式　112
森友学園問題　209
モンロー主義　111

〈ヤ行〉

夜警国家　67
有害化学物質　181
有機水銀　150
有機的連帯　91—94, 96
有効需要　125
ユートピア　39, 72, 143
「豊かな社会」　126—128, 138, 145, 149, 151—153, 176, 177, 189
予見するためにみる　41
予定説　77, 78, 80
『ヨブ記』　47

デザイン性　121
デュポン　126, 148
電子メディア　139
伝統指向型　127
伝統主義　20, 23, 26, 31, 32, 59, 64, 72, 75, 76, 88, 96, 101
ドイツ農民戦争　37
同業組合（ギルド）　24, 73
東京電力　203
当事者性　202
動物化　193, 201
独立宣言　66, 67, 70
都市化　47, 88, 89, 91, 94, 96, 97, 115, 130
都市人口率　88
トリクルダウン理論　182

〈ナ行〉

内閣府食品安全委員会　197, 201
内部志向型　127, 128
ナショナリズム　97—100
ナチス　134
ナポレオン戦争　53
南北戦争　106
南北問題　145
日本国憲法　46, 67
ニュー・ディール政策　125
人間中心主義→ヒューマニズム
人間の機械化　119
ネトウヨ　5, 9
ノブレス・オブリージュ　83

〈ハ行〉

パーソナル・インフルエンス　136, 137, 143
売国奴　5, 7
排出権　156, 159
排出枠　156
暴露主義　108
パックス・アメリカーナ　127
発展段階説　43, 139
パリ協定　154
万国博覧会　106
反戦運動　145
万人の万人に対する闘争（万人闘争）　60, 61, 66
東日本大震災　6, 202
皮下注射モデル　135
非国民　5, 7, 114
ヒューマニズム（人間中心主義）　33, 43
ピューリタン→清教徒
ピルグリム・ファザーズ（巡礼始祖）　70
ファシズム　133
ファストフード　160, 161, 164
フィルターバブル　210
ブーメラン効果　181
フェアプレイ　200, 201, 203
フェミニズム　145
フォーディズム　120, 124, 125, 139, 166, 167, 174, 191
フォード・システム　117, 160
複式簿記　76
福祉国家　178, 191
福島第一原子力発電所事故（フクシマ）　156, 178, 180, 189, 202
普通選挙　183
部分的イデオロギー　132
ブラック企業　6
フランス革命　9, 41, 43, 58, 94, 99, 103, 104, 131, 163
ブルジョアジー→資本家
ブログ　111, 210

ステマ（スティルス・マーケティング）　111
スマイル0円　166
スマホ　30, 139, 210
スローフード　166
生活態度→エートス
清教徒（ピューリタン）　58, 61, 69, 80
―――革命　58, 62
生産プロセス　174
精神分析　102, 173, 174, 193
成長の限界　153
正当性　19―22, 27, 28, 66, 108, 138
生物多様性　181
世界大恐慌　124
石油危機　156
世襲カリスマ　22
世俗化　102
絶対王権　45, 46
絶対王政　59
絶対主義　45―48, 53, 57―59
前期資本主義　124
前契約的連帯　92, 93
全体主義　133, 135
全体的イデオロギー　132
選択意志　14
相関主義　132
相互扶助　24, 90, 184, 185
想像の共同体　98
相対主義　132
疎外　89, 200
組織心理学　119
ソリダリテ→連帯
ソリッド・モダニティ　191
存在の被拘束性　132

〈タ行〉

第一次世界大戦　53, 111, 112
対抗文化（カウンター・カルチャー）　194
第三者の審級　187, 188
大衆社会　130, 131, 133, 138, 140, 143
大衆消費　120, 127
第二次世界大戦　53, 65, 125, 135, 183, 184
大量採取　158
大量収奪　145, 158
大量消費　145, 146, 148, 158
大量生産　37, 98, 109, 117, 118, 120, 122, 124, 125, 130, 133, 145, 146, 148, 151, 154, 158, 165, 198, 199, 201
大量廃棄　145, 158
脱埋めこみ化　28―30, 167
脱産業化社会　138, 139
脱呪術化　75, 76, 103
脱人間化　161, 163
他人指向型　127―129, 157
弾丸理論　135, 136
断言と反復と感染　110, 135
チェルノブイリ原発事故　177
地球温暖化　154―156, 159, 165, 178, 181
地球村　139
知識社会学　132
知識人　112, 177, 208
チッソ→新日本窒素肥料
地動説　34
中間集団　131, 133, 136, 137, 195
中産階級（ミドルクラス）　77, 87, 106―108
朕は国家なり　44
追随者　136
抵抗権　68, 103
ディズニーランド　192
テイラー・システム　119
テクノロジー　29, 30, 34―37, 73―75, 161, 163, 168, 210

産業心理学　119, 174
三〇年戦争　49—51, 54, 61, 63
三段階の法則　42, 96
シーニュ→記号
自己責任　170, 186, 190, 196
自己保存　60, 62, 63, 68, 81, 82, 99
自殺　93, 99
市場万能主義　200
自然科学　34, 42, 115, 177
自然権　60, 63, 68, 70, 82, 83
自然状態　59—64, 66, 81, 82, 84, 86
七月革命　104
実証主義　41—43, 135
史的唯物論　96
シニフィアン→記号表現
シニフィエ→記号内容
資本家（ブルジョアジー）　73, 74, 87, 106, 130—132, 183, 184
市民階級　41, 48, 59
市民革命　48, 59, 64, 94
自明性　10—13, 15, 16, 26, 33, 200
下関戦争　100
ジャーナリスト　104, 107
ジャーナリズム　65, 106, 108
ジャイロスコープ（羅針盤）　128
社会学の父　41
社会関係資本　164, 204
社会契約　39, 59, 60, 62—66, 68—70
社会圏　90
社会主義　74, 183, 184
社会進化論　96
社会の心理学化　170
自由からの逃走　135
宗教改革　32, 36—42, 49, 50, 77, 80, 101
宗教戦争　49, 50
私有財産　45, 67, 82, 83, 103
終身雇用　183, 184
修正資本主義　125
主権国家　49, 52—56, 69, 71, 97, 99, 100, 103, 112, 154, 156, 157, 191
主権者　49, 57, 66, 68
手工業者　73
呪術　75—77, 80, 81, 94, 126, 138
出版の自由　104
巡礼始祖→ピルグリム・ファザーズ
ショウ・ウィンドウ　105, 106, 108, 141
使用価値　122, 123
蒸気機関　73, 118
象徴価値　122—124, 157
常備軍　47, 49
消費プロセス　174
情報化社会　102, 138—141, 209
情報化論　103
情報サービス産業　138, 139
情報産業　139, 140
情報社会論　139
召命説　78
食物連鎖　147
所得倍増計画　151
所有権　83
不知火湾　150
知る権利　201, 203
人権宣言　69, 83, 103
信仰の自由　58, 101
新自由主義　181, 182, 186, 188, 190, 202
神聖ローマ帝国　50, 51
新日本窒素肥料（チッソ）　150, 151, 152, 158
『信念の勝利』　134
進歩史観　96
心理学化された社会　171
心理主義　170, 173, 193
人類学　11
スキャンダリズム　108
スタト　39, 47

熊本大学医学部研究班　150
クライメートゲート事件　155
クリール委員会　111, 112
グローバリゼーション　98
グローバル化　30, 156, 157, 181, 182, 191
グローバル企業　181
群衆　109, 110, 133, 134, 135
群集心理学　110, 117
経営学　117
経験主義　135
啓蒙主義　41, 59
ゲゼルシャフト　14, 17
ゲマインシャフト　14, 17, 90
ゲマインデ→共同体
ゲルマン人の大移動　23
原子化（孤立化）　96, 131, 140
現象学　11
原子力　145, 146, 156, 202
限定効果説　135, 136
憲法改正　6
公害　145, 146, 149—151, 153, 156, 158
交換価値　122
後期資本主義　124
公共圏　104—106, 130, 163, 164
公共の福祉　46
広　告　105, 106, 108, 110, 111, 114, 121, 126, 129, 142, 144, 209, 210
工場制手工業（マニファクチュア）　72
公正さ（フェアネス）　199, 203
厚生省水俣病食中毒部会　150
厚生労働省　197
構造主義　7
行動的禁欲　76—79
行動様式→エートス
高度消費社会　124
高度大衆消費社会　127
広報→ＰＲ
合法的支配　20—22, 209
合理化　14, 75, 76, 80, 81, 88, 89, 92, 101, 115, 116, 118, 120, 126, 160, 161, 165, 168, 192
功利主義　86, 94, 120
国王　23—25, 44—48, 59, 61—63, 69
国際会議　50, 156
国際法　51, 53
国際連合　53
国際連盟　53
国内総生産→ＧＤＰ
国民議会　103
国民総生産→ＧＮＰ
国民兵　99
国連人間環境会議　153
誇示的消費　122
個人化（individualization）　96, 185, 186, 188—190, 195, 196, 204
個人主義　90, 94
古典派経済学　200
孤独な群集　133, 135
『この世界の片隅に』　6
コミュニケーション　30, 88, 89, 110, 113, 134, 136, 160, 164, 165, 168, 195, 198
コミュニケーションの二段階の流れ説　136
コミュニティ→共同体
コモン・ロー　61
孤立化→原子化
コロニアル様式　55

〈サ行〉

再帰性　26, 27, 30, 40, 48, 177
再魔術化　161, 192
サヨク　9
サロン　103
産業革命　41, 43, 72—75, 87
産業社会　84, 127, 152—155, 189

オートメーション化　120
オピニオン・リーダー　136, 143
『オリンピア』　134
温室効果ガス　154

〈カ行〉

階級社会　178, 179, 187
カウンター・カルチャー→対抗文化
学生運動　145
核兵器　177
革命権　68
囲いこみ　74
課税権　46
カソリック　32, 36, 37, 50, 51, 58, 76, 80, 101
価値意識→エートス
活版印刷　37
カフェ　103, 104, 131, 163
貨幣　80, 81, 89, 122
神のみえざる手　92, 187, 200, 201
カリスマ的支配　22
カリスマの日常化　22
カルヴィニズム　58, 77
環境問題　145, 146, 153—159, 175, 178, 201
慣習法　23, 45, 51
感情コントロール　168, 169
感情の知性（ＥＱ）　169, 170, 173
感情マネージ　169
感情マネジメント　161, 167—169, 171, 174
感情労働　166, 167, 169—171
官職カリスマ　22
管理社会化　193
官僚制　21, 76, 115, 160, 161, 190
キヴィタス　39, 47
機械制大工業　72
機械的連帯　91, 93, 96
企業家　74, 77
企業カルト　171, 172
企業文化　171, 172
記号（シーニュ）　142
——内容（シニフィエ）　142, 143
——表現（シニフィアン）　142, 143, 144
——論　141, 143
気候変動に関する政府間パネル→ＩＰＣＣ
気候変動枠組条約締約国会議　154
基本的人権　58, 60, 67, 68
牛海面状脳症→狂牛病
旧体制（アンシャン・レジーム）　43
教　会　25, 32, 34, 35, 37—39, 44, 45, 50, 55, 58, 76
狂牛病（牛海面状脳症、ＢＳＥ）　196—203
教皇　50
共産主義　131, 133
強制的自己決定　186
共同性　15, 16, 19, 24, 35, 36, 61, 89, 90, 96, 98, 99, 133, 138, 171, 184, 190, 192, 194, 195, 204
共同体（ゲマインデ、コミュニティ）　15, 21, 24, 25, 35—39, 71, 83, 88—97, 99, 100, 119, 138, 161, 167, 168, 180, 184, 186, 191—195, 204
京都議定書　154
共和党　125
虚偽意識→イデオロギー
キリスト教　24—26, 32—34, 36, 41, 43, 44, 51, 54, 55, 62, 68, 76—78, 101, 103
ギルティー・フリー　157
ギルド→同業組合
近代の超克　208
金融危機　185
偶像崇拝　80, 94, 120, 124

事項索引

〈数字、アルファベット〉

３・11　6, 180, 188, 189, 208
ＢＳＥ→狂牛病
ＤＤＴ　146, 147, 149, 150
ＥＱ→感情の知性
ＧＤＰ（国内総生産）　148
ＧＭ（ゼナラル・モーターズ）　121, 122, 123, 124
ＧＮＰ（国民総生産）　138, 151
ＩＰＣＣ（気候変動に関する政府間パネル）　154, 155
ＰＲ　106—108, 110—114, 116, 117, 122, 126, 128, 134, 135, 144, 148, 154, 157, 158, 160, 184, 203, 209—211
——業の父　110
ＳＮＳ　111, 210
ＴＩＮＡ（There is No Alternative）　182, 184
Ｔ型フォード　117, 118, 120, 121, 123

〈ア行〉

アーキテクチャ　163, 210
アースデイ　153
アイデンティティ　13, 17, 39, 97, 100, 127, 131, 134, 192, 193
阿賀野川　150
悪魔払い（エクソシスト）　76
アセトアルデヒド　150, 151
アノミー　93, 94, 95, 96, 97, 190, 204
アメリカ精神　70, 79, 106, 107
アンシャン・レジーム→旧体制
安全神話　156, 203
異化作用　11
『意志の勝利』　134
虚偽意識　132
イデオロギー（虚偽意識）　98, 131—133, 138, 143
遺伝子操作　181
イノベーション　74
意味作用　141, 142, 143
意味適合性　75, 76
インターネット　30, 139, 165, 195, 209, 210
インパーソナル　88
ウィーン体制　53
ウェストファリア条約　51—53, 55, 63
ウェストファリア体制　51—54, 56, 57, 63
ヴェルサイユ体制　53
永遠の昨日　20, 22, 32, 36, 39, 107
営業スマイル　167, 168
エートス（価値意識、行動様式、生活態度）　23, 76, 79, 81, 85, 94, 98, 127, 134, 142, 144, 168, 170, 171, 189
液状（リキッド）化　192
エクソシスト→悪魔払い
「エコ」　157, 158, 178
エコーチェンバー　195
エコロジー　158, 159
エントロピー　145, 153
王権神授説　61

ボードリヤール、ジャン　128
ボダン、ジャン　45
ホックシールド、アーリー　167, 171
ホッブス、トマス　38, 47, 59—69, 81, 82, 99
ホルクハイマー、マックス　113

〈マ行〉

マキャベリ、ニッコロ　39
マクルーハン、マーシャル　139
マルクス、カール　85, 89, 96, 99, 131, 132, 183
マルコス、イメルダ　124
マルコス、フェルディナンド　124
マンハイム、カール　131, 132, 143
見田宗介　17
宮沢俊義　69
ミュラー、パウエル　146
メイヨー、エルトン　119, 174
森真一　173

〈ヤ行〉

山岸健　30
山田昌弘　188
ユーエン、スチュアート　113, 128
養老孟司　158

〈ラ行〉

ラザースフェルド、ポール　135, 136, 143
ラッセル、バートランド　42
リースマン、ディヴィッド　127, 128, 133, 157
リーフェンシタール、レニ　134
リッツァ、ジョージ　160, 163—165
リップマン、ウォルター　112
ルイ一四世　44
ルイ・フィリップ　104
ルソー、ジャン＝ジャック　39, 103, 104, 131
ルター、マルティン　37, 112
ルックマン、トーマス　11, 17
ル・ボン、ギュスターヴ　109, 110
ロールズ、ジョン　204
ロック、ジョン　66, 68, 81, 82, 84—86, 99, 125, 150, 166
ロンボルグ、ビョルン　158

〈ワ行〉

渡辺京二　99
ワット、ジェームズ　73

〈サ行〉

佐古輝人　113, 128
サッチャー、マーガレット　182, 184
ジェームズ一世　61
清水幾太郎　42
ジンメル、ゲオルグ　89, 91, 96, 99
末延三次　69
鈴木宗徳　188
スペンサー、ハーバード　96
スミス、アダム　92, 122, 187, 200―204
スローン、アルフレッド　121

〈タ行〉

ダイムラー、ゴットリープ　118
ダ・ヴィンチ、レオナルド　33―35
高木八尺　69
竹内成明　113
田崎篤郎　143
チャールズ一世　61, 62
チャールズ一〇世　104
チョムスキー、ノーム　113
ディドロ、ドゥニ　103
テイラー、フレデリック　116, 117, 128, 174
デューイ、ジョン　112
デュラント、ウィリアム　121
デュルケム、エミール　91―94, 96, 97, 99, 190
テンニース、フェルディナント　14, 16, 17, 96
トランプ、ドナルド　154

〈ナ行〉

中島岳志　55
中曽根康弘　184
中野収　113
中野秀一郎　17, 42
中野正大　17, 42
ニュートン、アイザック　42

〈ハ行〉

バーガー、ピーター　11, 17
バーネーズ、エドワード　110―112
ハーバーマス、ユルゲン　104―106, 113
ハイエク、フリードリヒ　181
バウマン、ジグムント　191, 192, 204
パウロ　76
パットナム、ロバート　204
服部茂幸　188
浜日出夫　30
腹巻オヤジ　211
バルト、ロラン　141―143
ヒトラー、アドルフ　125, 133, 134

フォード、ヘンリー　117―122, 124, 161
深井智朗　42
福岡伸一　204
福沢諭吉　29, 100
福田歓一　30, 42, 55, 69, 85
船橋晴俊　158
フランクリン、ベンジャミン　79
フレイザー、ジル　173
ブレヒト、ベルトルト　11
フロム、エーリヒ　135
ヘーゲル、ゲオルク・W・F　98
ベック、ウルリッヒ　176―178, 187, 188, 191
ベル、ダニエル　138, 139, 143
ベンツ、カール　118
ヘンリー八世　44
宝月誠　17, 42

人名索引

〈ア行〉

アイゼンハワー、ドワイト　146
明石欽司　55
新睦人　17, 42
アドルノ、テオドール　113
安倍晋三　182
アンダーソン、ベネディクト　98, 99
飯島伸子　158
イエス　77
池田勇人　150
池田清彦　158
石川康宏　99
石田英敬　128
石牟礼道子　158
市野川容孝　204
今村庸一　143
岩井弘融　99
ウィルソン、ウッドロウ　111, 112
ウェーバー、マックス　20, 22, 26, 30, 55, 75, 85, 115, 132, 160, 171, 187
ヴェブレン、ソースティン　122
ヴェベール　172
内田樹　99
梅棹忠夫　139, 143
エンゲルス、フリードリヒ　183
大木英夫　69
大澤真幸　187, 188
大塚久雄　85, 113
大村英昭　17, 42
オバマ、バラク　182

〈カ行〉

カーソン、レイチェル　146—150, 153, 154, 156, 158, 159
樫村愛子　171, 173
片桐雅隆　204
片渕須直　6
カッツ、エリウー　143
ガリレイ、ガリレオ　73
カルヴァン、ジャン　77
ガルブレイス、ジョン・ケネス　126—128
ギデンズ、アンソニー　26, 28, 30, 48, 128
キャサリン・オブ・アラゴン　44
グーテンベルク、ヨハネス　37
草柳千早　30
クラッパー、ジョセフ　135
栗原彬　158
クロムウェル、オリバー　61
ケインズ、ジョン・メイナード　125
ゴア、アル　154, 156
小池靖　173
こうの史代　6
ゴールドマン、ダニエル　169, 173
コーンハウザー、ウイリアム　131, 143
児島和人　143
小室直樹　55, 69, 85, 128
コント、オーギュスト　38, 41, 42, 68, 96, 109, 113, 117, 129, 130, 133, 160, 163, 166, 168—170, 173, 174, 177, 191, 193

●著者略歴
小林正幸（こばやし・まさゆき）
1964年生まれ。北海道出身。法政大学大学院博士後期課程社会学専攻単位取得退学。専門は文化社会学およびメディア論。現在、日本大学法学部、玉川大学リベラルアーツ部などで社会学やメディア論に関する講義を行っている。
著書に『力道山をめぐる体験　プロレスから見るメディアと社会』(2011年)『メディア・リテラシーの倫理学』(2014年)、共著に『レッスル・カルチャー　格闘技からのメディア社会論』(2010年)（いずれも小社)。ほかの論文として、「西田幾多郎からのメディア論序説　行為的直観による現代メディア批判」（武蔵社会学論集『ソシオロジスト』15号、2013年、武蔵社会学会）など。

教養としての現代社会入門

2018年5月30日　初版発行

著　者　小林正幸

発行所　株式会社風塵社
〒113-0033　東京都文京区本郷3 -22 -10
TEL 03 - 3812 - 4645　FAX 03 - 3812 - 4680

印刷：吉原印刷株式会社／製本：鶴亀製本株式会社
装丁：閏月社

††† 小林正幸の本 †††

力道山をめぐる体験

プロレスから見るメディアと社会

A5版ソフトカバー、362ページ、本体価格2500円＋税
ISBN978-4-7763-0049-6

外国人レスラーを空手チョップでなぎ倒し、日本の戦後復興に活力を与えたとされる力道山。一方で、朝鮮半島出身の彼はアメリカニズムの体現者でもあった。テレビ勃興期に一躍時代の寵児となった力道山の闘魂をたどりながら、メディア受容の変遷を考察する。

記憶をいかに相続するか
従来のイメージを塗りかえる新たなヒーロー像の創出

メディア・リテラシーの倫理学

46版ソフトカバー、296ページ、本体価格1800円＋税
ISBN978-4-7763-0062-5

中間を語源とするメディア。そもそもは神と人の間に立つものを示していた。そのメディア自体が巨大化し、情報化社会へと至る。その現在、われわれはどのようにメディアと向き合うべきか。古代からの知的営為を参照しつつ、情報の洪水に溺れない途を模索する。

自己を明け開くオルタリティ